知りたいことが全部わかる！

障害年金の教科書

特定社会保険労務士 漆原香奈恵　社会保険労務士 山岸玲子　司法書士 村山由希子

ソーテック社

障害年金を受給するための手続き・届出の一般的な流れを知っておこう

障害年金請求手続きの流れ

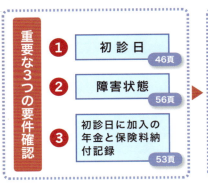

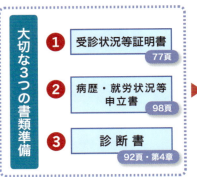

保険料納付から発病・障害年金の請求・受給決定後の流れまで

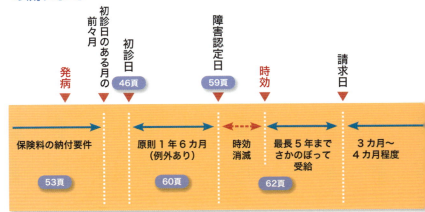

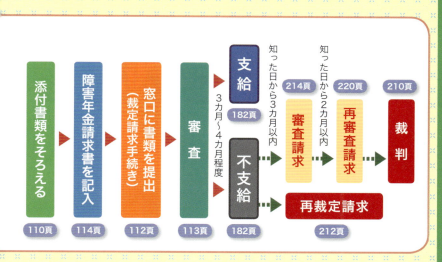

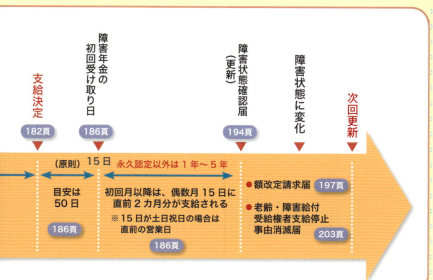

あなたの請求する障害年金の種類と特徴

	障害基礎年金	障害厚生年金	20歳前障害基礎年金
初診日にどの年金に加入していたか 41頁	国民年金	厚生年金	なし（初診日が20歳前のため）
等級 39頁	1級・2級	1級～3級	1級・2級
納付要件 53頁	あり	あり	なし
所得制限 231頁	なし	なし	あり
認定日 59頁	原則初診日から1年6カ月（※例外あり）60・61頁		20歳

※ 初診日から1年6カ月以内に治った（症状が固定し、治療の効果が期待できない状態を含む）場合は、治った（治癒）日を障害認定日とするのが障害認定日の例外です。

	障害基礎年金	障害厚生年金
	20歳前障害基礎年金	
1級	障害基礎年金 ＋ 子の加算	障害厚生年金 ＋ 配偶者の加給年金 障害基礎年金 ＋ 子の加算
2級	障害基礎年金 ＋ 子の加算	障害厚生年金 ＋ 配偶者の加給年金 障害基礎年金 ＋ 子の加算
3級	ない	障害厚生年金
	ない	障害手当金 （一時金）

病状：重 ← → 軽

知りたいことがパッとわかる障害年金のトリセツ

Point！

初診日が厚生年金の場合は、1級から3級までの障害状態に該当すると障害厚生年金の対象になります。障害年金の対象にならなくても、障害手当金という一時金もあります。また、1級と2級の受給者は、1階部分（障害基礎年金）と2階部分（障害厚生年金）の両方受給できます。障害基礎年金には、3級や一時金はありません。受給額も1階部分のみとなります。 42頁

私にも受給の可能性はある？
フローチャートで確認してみよう！

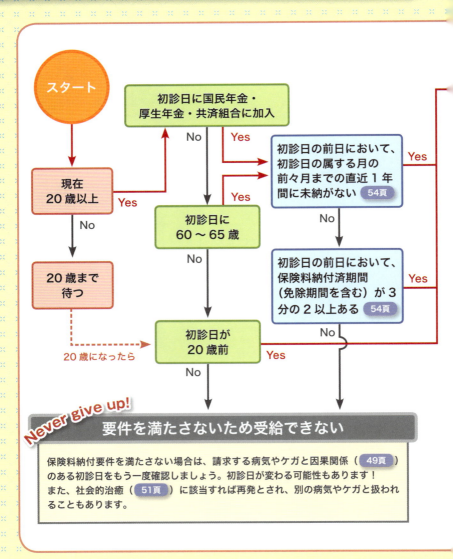

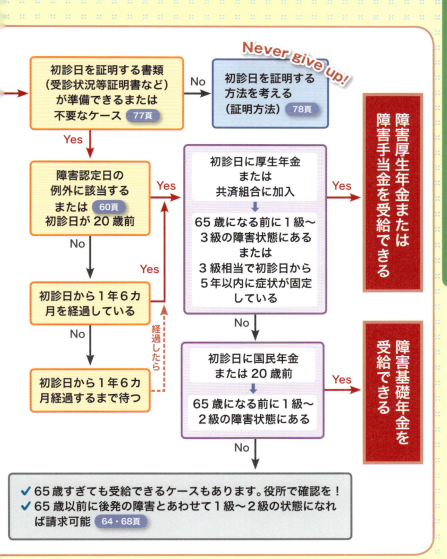

自分で手続きができるか
チェックしてみよう！

- 自分で手続きしようか、専門家に依頼しようか迷っている人は、次の項目をチェックして目安にしましょう。
- チェックが少ないほど、自分で請求できる可能性が高くなります。チェックが入った場合でも、自分で調べたり、年金事務所に相談に行くことで解決できることもあります。
- 有料の専門家に相談する前に、病院の相談室、ソーシャルワーカーに頼りながら進めていくのもひとつの方法です。

初診日の特定

- [ ] いつが初診日になるのかわからない、または迷っている
- [ ] ほかの病気やケガとの因果関係があるかもしれない
- [ ] 初診日の病院にカルテが残っていないと言われ、あきらめかけている
- [ ] 思っている初診日だと、保険料納付要件を満たさないためあきらめようか迷っている

障害の状態

- [ ] 障害年金の対象になる病気やケガなのか、イマイチはっきりしない
- [ ] 等級のつく障害状態なのか、確認するために障害認定基準を見たけど曖昧
- [ ] 複数の病気やケガにかかっているため、どの病気やケガで何科に診断書を依頼したらいいのか迷っている
- [ ] 自分では対象になりそうな気がするけれど、医師や年金事務所の窓口で難しいと言われてしまい断念しようかと考えている

check! 体と心の状態

- [ ] 体が動かないので、ひとりでは移動困難な状況
- [ ] 倦怠感や脱力感、疲労感が強く、外出するのが厳しい状態
- [ ] 外出するのに恐怖感がある
- [ ] 役所の職員などと会話をやりとりしたり、理解するのが難しい

check! その他

- [ ] 仕事が忙しくて手続きの時間がない
- [ ] 1度自分で手続きしてみたが不支給になり、不支給理由もわからないまま
- [ ] 医師の診断書の内容が自分の認識と異なる部分がある
- [ ] 主治医に診断書を記入できないと言われてしまった

Point!

❶初診日、❷障害状態、❸保険料納付の3つの要件を確実に満たせば、専門家に依頼しなくても手続きはスムーズに進みます。

等級は、障害認定基準に定められていますが、検査数値や治療の事実をもって等級が認定される病気やケガもあります（視力・聴力・人工透析・ペースメーカー装着など）。その場合、等級認定は安心できます。ただし、自分が初診日だと思っていた日が障害年金の初診日にならないケースがあったり、提出する書類が実際の症状と相違のある内容にしあがっていたりすることがあるので、よく確認しましょう。

要件を満たせば対象になる 部位ごとの主な病気やケガ一覧

呼吸器
気管支喘息、慢性気管支炎、肺結核、肺線維症、じん肺、呼吸不全、肺気腫、膿胸　など

腎疾患
慢性腎炎、ネフローゼ症候群、糖尿病性腎症、慢性糸球体腎炎、慢性腎不全、人工透析　など

肝疾患
肝炎、肝硬変、肝がん、多発性肝腫瘍　など

糖尿病
糖尿病、糖尿病による合併症　など

血液
白血病、悪性リンパ腫、ヒト免疫不全ウイルス感染症（HIV）、再生不良性貧血　など

その他
人工肛門、人工関節、人工膀胱、胃がん、直腸がん、肺がん、膀胱腫瘍、潰瘍性大腸炎、クローン病、化学物質過敏症、日光過敏症、尿路変更術、新膀胱増設、臓器移植、慢性疲労症候群、遷延性意識障害、その他の難病　など

脳

脳出血、脳梗塞、くも膜下出血、脳軟化症、多発性硬化症、脳性麻痺、脳脊髄液減少症、脊髄小脳変性症、多系統萎縮症　など

目・耳

網膜色素変性症、白内障、緑内障、ブドウ膜炎、網膜脈絡膜萎縮、眼球萎縮、癒着性角膜白斑、糖尿病性網膜症、視神経萎縮、先天性弱視、小眼球症、感音性難聴、突発性難聴、メニエール病、頭部外傷または音響外傷による内耳障害　など

鼻・口

失語症、咽頭全摘出、咽頭摘出術後後遺症、上下顎欠損、咽頭腫瘍、喉頭がん、外傷性鼻科疾患　など

精神

うつ病、双極性感情障害（躁うつ病）、精神遅滞等の知的障害、ADHD・自閉症スペクトラム・アスペルガー症候群・広汎性発達障害等の発達障害、てんかん、高次脳機能障害、統合失調症、若年性アルツハイマー、ダウン症候群、老年および初老期認知症、脳動脈硬化症に伴う精神病　など

Check! 神経症圏は、原則対象外　119頁

循環器

心筋梗塞、狭心症、拡張型心筋症、心臓ペースメーカーや植込み除細動器（ICD）または人工弁の装着、心不全、完全房室ブロック、大動脈弁狭窄症、慢性心包炎、リウマチ性心包炎、慢性虚血性心疾患、冠状動脈硬化症、僧帽弁閉鎖不全症、悪性高血圧、高血圧心疾患　など

肢体

ポストポリオ症候群、パーキンソン病、全身性エリマトーデス、糖尿病性壊死、ギランバレー症候群、脊髄損傷、関節リュウマチ、ビュルガー病、進行性筋ジストロフィー症、変形性股関節症、線維筋痛症、重症筋無力症　など

障害等級をチェックして、障害年金の対象になるかの目安を把握しよう

1級

日常生活に常にサポート、他人の介助が必要な場合
活動範囲がほぼベッド周辺や寝室

39・56頁

2級

日常生活に著しい支障があり、サポートが必要になることがある場合
活動範囲がほぼ家の中や病棟内で、働くのが困難

39・57頁

3級

病気やケガが治らないもので、まったく働けないわけではないが、できる仕事がかぎられる場合
職場の理解と援助のもと就労できる

39・57頁

障害手当金（一時金）

病気やケガが治ったもので、まったく働けないわけではないが、できる仕事がかぎられる場合
（症状が固定し、治癒の効果が期待できない状態を含む）

40・58頁

Point! 障害認定基準について

病気やケガなどの障害が、どのような状態のときに障害年金の対象となるかを示しているのが「障害認定基準」です。
この障害認定基準をもとに、障害年金の等級や受給の可否が決定されています。
障害年金を考えはじめたら、まずは障害認定基準を確認して（インターネットで検索できます）、抱えている病気やケガが対象になるかどうかの目安にしましょう。

59頁

日本年金機構「国民年金・厚生年金保険 障害認定基準」
(https://www.nenkin.go.jp/service/jukyu/shougainenkin/ninteikijun/20140604.html)

障害年金について考えたときに出てくる素朴な疑問・質問

Q&A

Q1 障害年金で受給できる金額はどのくらい？ → 41頁

Q2 カルテが破棄されて見つからない場合はどうしたらいいの？ → 80頁

Q3 初診日が複数考えられるときはどうする？ → 47頁

Q4 障害年金は資産や収入があってももらえるの？ → 231頁

Q5 知的障害で通院していなかった場合、どこに診断書を依頼するの？ → 97頁

Q6 働きはじめると、障害年金は支給停止になるの？ → 226頁

知りたいことがパッとわかる障害年金のトリセツ

Q7 障害年金を受給していることを会社や他人に知られたくない → 232頁

Q8 障害年金を受給すると、扶養から外れることになる？ → 191・233頁

Q9 1度決まった等級は変わらない？ → 193頁

Q10 傷病手当金の受給が終わってから障害年金の手続きをすれば大丈夫？ → 240頁

Q11 認定日に受診していなかったら認定日（遡り）請求はあきらめるしかない？ → 95頁

Q12 障害年金の受給はいつまでできるの？ → 66頁

Q13 障害年金をもらっていても、雇用保険の失業手当を同時に受給することはできるの？ → 241頁

ご利用前に必ずお読みください

本書に掲載した情報に基づいた結果に関しましては、著者および株式会社ソーテック社はいかなる場合においても責任は負わないものとします。
また、本書は2025年6月現在の情報をもとに作成しています。掲載されている情報につきましては、ご利用時には変更されている場合もありますので、あらかじめご了承ください。
以上の注意事項をご承諾いただいたうえで、本書をご利用願います。

Cover Design...Yutaka Uetake
Cover Illustration...iStock.com / Antikwar, JuliarStudio, elenabs
Illustration...Wako Sato

● **はじめに**

障害年金は、病気やケガで日常生活に支障が出ているときや、安定して働くことが難しいときにもらえる公的な年金であり、老齢年金や遺族年金と同じ国の制度です。

障害というと、何だかものすごく重症な状態を想像してしまいますが、実は多くの病気やケガが対象となります。たとえば、ほんの一例だけでも、交通事故でのケガやうつ病などの精神疾患、発達障害、がん、糖尿病、人工透析、ペースメーカー、脳梗塞、認知症、難病などが挙げられます。

病気やケガは、誰にでも当事者になる可能性があります。

病気やケガで日常生活への支障や不安を抱えているご自身やその家族に、障害年金という心の糧となる存在に気づいていただき、「よくわからないまま」ではなく、「納得しながら請求手続きをする」ことができるようにと願い本書を執筆しました。

本書の特徴は次の3点です。

❶ 参考書として活用できるわかりやすい説明、手続きの流れがしっかり理解できる構成

本書はできるかぎり難しい言葉は避け、受給するための要件、煩雑な手続きや制度についてわかりやすい言葉で説明しています。**身近な参考書として手元に置いて気軽に活用していただけるよう、かみ砕いた説明と文章にこだわりました。**

また、目で見てイメージをつかめるように、手続きの流れを時系列に図にまとめました。**全体の流れがぱっと把握できるという安心感により、見えない不安から解放され落ち着いて手続きを進めるこ**

とができます。巻頭ページや各章の図表は見やすさにこだわり、ストレスなく読み進められます。

❷ 白紙の雛形でなく、記入例やチェックポイントを記載

　ご自身や家族で請求できるように、必要書類には**実際の記入例だけでなく、実務的な注意点や診断書ごとのチェックポイントを載せました。**書類の書き方のポイント、記載例も多く掲載し、初診日の証明の具体的な方法から受給後にやるべきことまで網羅しています。

　障害年金の手続きというのは、病気やケガの状況、初診日に加入していた保険などによってケースバイケースなだけに、個々に注意が必要なポイントが異なります。書類を準備していく段階で、新たな事実を発見することもあります。そんなときに、**インターネットでは検索できない、1冊にまとまったポイント**を参考にしていただけたら幸いです。

❸ 親亡きあとの問題、そのほかの頼れる制度についても紹介

　障害年金を受給したあとのこと、親亡きあとのことが心配な人も多いと思います。そこで、本書では障害年金のことだけではなく、そのほかの頼れる制度についてもできるかぎりたくさんまとめています。

　障害者の財産管理のサポートとして、日常生活自立支援事業や成年後見制度のほか、最近利用が増えてきている民事信託、障害者だからこそ利用できる特定贈与信託や、生命保険を活用した生命保険信託についても取りあげ、各制度の併用のしかたについても紹介しました。また日常生活のサポートとして、日中や夜間に利用できる障害福祉サービスについても触れています。これらの制度は、障害

者、そして親亡きあとのお子さんの力強い味方となってくれるでしょう。

　障害年金によって適切なサービス、サポートが受けられるようになり、自立につながるケースも多くあります。障害年金には、「がんばってみよう」という前向きな気持ちをあと押しする、そんな役割もあります。障害年金を受給するということは、その人がその人らしく生活するための手段のひとつなのです。**障害年金は経済的な安心をもたらすだけでなく、精神的な不安を軽減することにもつながります。**

　しかし障害年金の存在を知らずに、もらえるはずの年金の手続きをしていなかったり、いざというときに手続きを進めようとしたところ、普段見慣れない書類を適切に準備する過程で、その手続きの煩雑さに頭を抱えてあきらめてしまったりすることもあります。

　さらに、1度は自分で障害年金の手続きをしてみたものの、よくわからないまま進めたら、「不支給決定通知」が届いてしまったということも珍しくはありません。

　これから請求を考えている人だけでなく、**1度申請をあきらめた人、いつか申請することになるかもしれないすべての人に、ぜひ読んでいただきたい内容**です。

　改めて1人でも多くの人に、本書を身近な参考書としてご活用いただければ、こんなにうれしいことはありません。

漆原　香奈恵
山岸　玲子
村山　由希子

CONTENTS

第1章 障害年金とは？

01 障害年金は公的年金のひとつ……34
- 年金は3つのリスクに対応する社会保険
- 年金制度の加入のしくみを確認しよう
- 年金には3種類の保障（老齢・遺族・障害）がある

02 障害年金はどんな人がどんなときに受給できるの？……38
- 障害年金は高齢でなくてももらえる年金
- 病気やケガになった原因は問われない
- 障害年金の等級は1級から3級まで
- よくある誤解❶ 「働いているともらえない」は間違い！
- よくある誤解❷ 「障害者手帳がないともらえない」は間違い！
- 障害の程度が軽い場合「障害手当金」が支給される

03 受給できる障害年金の種類とそれぞれの金額……41
- 障害基礎年金と障害厚生年金
- 障害年金は2階建て
- 障害基礎年金はいくらもらえる？（年額）
- 障害厚生年金はいくらもらえる？（年額）

第2章 障害年金をもらうための3つの大切なこと

01 [初診日の要件]
初診日に公的年金に加入していること……46
- 障害年金の初診日要件とは
- 初診日について具体例を見てみよう
- ❶健康診断後に受診したとき
- ❷相当因果関係とは？ 2つの傷病の関係は？
- ❸いったん治癒して再発した場合の初診日は？
- 初診日が複数考えられるとき

02 [保険料の要件] 年金保険料を納めていること……53
- 一定の年金保険料を納めていないと受給できない
- 未納の期間があっても納付要件をクリアすれば大丈夫
- 未納期間と免除期間の違い

03 [障害状態要件]
障害の程度が等級に該当していること……56
- 障害の等級（1〜3級）は認定基準で定められている
- 誰が認定するの？
- 自分の傷病の等級目安を確認しよう
- 障害の程度を判断する障害認定日とは？
- 障害認定日の例外
- 請求方法は請求時期によって3パターン
- 2つ以上の病気やケガがあるときの認定方法
- 障害年金の受給権者に新たな傷病が加わったとき
- はじめて2級（または1級）

04 いつからいつまで受給できる？ ……… 65

- 障害年金はいつから受給できるの？
- 障害年金はいつまで受給できるの？
- ほかの年金をもらえるようになったら両方もらえるの？
- 障害年金を請求できるのは原則65歳まで
- 老齢年金の障害者特例

第3章 障害年金の手続きの流れ

01 事前準備をしっかりしよう ……… 70

- ❶ 手続きの手順を覚えよう
- ❷ 病歴・治療歴の整理からはじめよう
- ❸ 初診日の見当をつけよう
- ❹ 医師に相談しておこう
- ❺ 年金事務所や役所に相談に行こう
- ❻ 保険料の納付要件は必ず事前に確認しよう
- ❼ 書類を入手しよう

02 初診日の証明を準備しよう 「受診状況等証明書」を依頼しよう ……… 77

- 初診日は自己申告だけでは認められない
- 初診日の証明書類が必要ない人
- 初診日の証明方法は20歳前と20歳以降で変わる
- 初診日の証明書類「受診状況等証明書」を依頼する
- 5年すぎていてもあきらめずに初診の病院をあたる

03 初診日の証明がもらえないとき❶ 「受診状況等証明書が添付できない申立書」の提出 …… 82

- 初診日の証明がもらえないとき
- 「受診状況等証明書が添付できない申立書」とは

04 初診日の証明がもらえないとき❷ 「2番目以降の医療機関」で証明してもらう方法·········· 85
- 2番目以降の医療機関で証明してもらおう

05 初診日の証明がもらえないとき❸ 「初診日に関する第三者からの申立書」で 証明する方法·········· 87
- 第三者証明とは？
- 第三者証明の注意点

06 初診日の証明がもらえないとき❹ 「一定期間に初診日があること」で証明する方法·········· 90
- 一定期間に初診日があることを証明できる場合
- 一定期間内の初診日証明とは？

07 「診断書」を医師に依頼しよう·········· 92
- 診断書は症状を1番適切に伝えられるものを選ぶ
- 医師に症状と日常生活状況を伝えよう
- いつの診断書を書いてもらうの？
- 診断書を受け取ったら確認するべきこと
- 2枚に分かれた診断書を受け取ったときは

08 「病歴・就労状況等申立書」を作成しよう·········· 98
- 日常生活への支障を自分の言葉で簡潔にまとめよう
- パソコンで作成することもできる
- 「病歴・就労状況等申立書」の書き方
- 補足資料を提出することもできる

09 状況に応じて必要な提出書類を確認しよう·········· 103
- 初診日が特定しづらい病気やケガには調査票がある

- 遡及請求するときは、「請求事由確認書」
- 5年以上さかのぼって請求するとき
- 障害の原因が第三者の行為によるものであるとき

10 添付書類を整え、窓口に提出しよう ……………………… 110

- 申請に必要な書類を一覧表で確認しよう
- 提出から決定までの目安は3カ月

第4章 診断書の種類別 チェックポイントと注意点

01 精神の障害用の診断書 （様式第120号の4）を確認しよう ……………………… 118

- 精神の障害用の診断書とチェックポイント
- 神経症でも対象になる場合
- 日常生活能力の7項目と判定
- 障害等級の目安
- 日常生活及び就労に関する状況について
- 診断書（精神の障害用）の記入依頼をする際のポイント

02 肢体の障害用の診断書 （様式第120号の3）を確認しよう ……………………… 127

- 肢体の障害用の診断書とチェックポイント
- 診断書（肢体の障害用）の記入依頼をする際のポイント

03 腎疾患・肝疾患・糖尿病の障害用の診断書 （様式第120号の6-(2)）を確認しよう ……………………… 139

- 腎疾患・肝疾患・糖尿病の診断書とチェックポイント
- 人工透析療法に関する取り扱い

- 腎疾患・肝疾患・糖尿病の障害用の診断書作成を依頼するポイント

04 眼の障害用の診断書
（様式第120号の1）を確認しよう……146

- 眼の障害用の診断書とチェックポイント
- 令和4年1月1日の障害認定基準改正

05 血液・造血器・その他の障害用の診断書
（様式第120号の7）を確認しよう……150

- 血液・造血器その他の障害用の診断書とチェックポイント
- 血液・造血器疾患による障害の認定方法
- 血液・造血器疾患の障害で診断書を作成依頼する際のポイント
- 悪性新生物（がん）の診断書とチェックポイント
- 悪性新生物（がん）の診断書の作成を依頼するポイント
- がんで人工臓器の造設をした場合
- この診断書を用いる「その他の障害」とは？
- 遷延性植物状態（遷延性意識障害）で請求する場合
- 認定困難とされる4つの疾患

06 循環器疾患の障害用の診断書
（様式第120号の6-(1)）を確認しよう……159

- 循環器疾患の障害用の診断書とチェックポイント
- 循環器疾患の障害用の診断書の作成依頼をするポイント
- 人工弁・心臓ペースメーカー・ICDを装着した場合

07 呼吸器疾患の障害用の診断書
（様式第120号の5）を確認しよう……166

- 呼吸器疾患の障害用の診断書を使う病気やケガは？
- 呼吸器疾患の障害用の診断書とチェックポイント

08 聴覚・鼻腔機能・平衡機能・そしゃく・嚥下・音声
または言語機能の障害用の診断書
（様式第120号の2）を確認しよう ……………………… 173

- この診断書を用いる傷病例
- 聴覚の障害用の診断書とチェックポイント
- 平衡機能の障害用の診断書とチェックポイント
- そしゃく・嚥下機能の障害用の診断書とチェックポイント
- 音声または言語機能の障害用の診断書とチェックポイント

第5章　障害年金をもらえることが決まったあとにすること

01 年金決定通知書（国民年金・厚生年金保険年金証書）
の内容を確認しよう ……………………… 182

- 年金決定通知書と不支給決定通知書・却下決定通知書
- 年金決定通知書（年金証書）が送付された場合
- 認定日請求した場合に一部が支給・不支給決定の場合
- 不支給決定通知書が送付された場合
- 却下通知書が送付された場合

02 初回の年金はいつ・何カ月分もらえる？ ……………………… 186

- 初回の年金が振り込まれる日の目安
- 初回に振り込まれる年金の対象月と金額
- 年金支払通知書・支給額変更通知書・年金振込通知書

03 国民年金保険料の法定免除届出手続き ……………………… 188

- 国民年金保険料の法定免除とは？
- 国民年金保険料の免除申請のしかた

- 国民年金保険料の免除期間納付申出について
- 障害年金受給者は、一般的な世帯よりも健康保険被扶養者の要件が緩和される
- 国民年金保険料の法定免除をした場合の追納

04 永久認定と有期認定
有期認定の場合は、定期的な更新
（障害状態確認届の提出）が必要 ……………………………… 193
- 障害年金の年金決定通知書の等級は、1度決まったら変わらない？
- 障害状態確認届（診断書）の提出
- 障害状態確認届（診断書）の提出が不要な場合
- 障害状態確認届（診断書）を提出するときの注意点3つ

05 障害の状態が悪化したら「額改定請求」する ………… 196
- 障害状態が悪化した場合、年金額の増額改定を請求できる
- 額改定請求できないケース
- 上記❶❷の場合でも、1年を待たずに額改定請求できるケース

06 障害年金が支給停止になるとき ……………………………… 202
- 障害年金の支給停止
- 支給停止後、再び障害等級に該当したら支給停止事由消滅届を提出
- 障害年金の権利がなくなる（失権する）とき

07 結婚や出産で扶養家族ができたら ……………………………… 205
- 受給権発生後に加算対象となる配偶者や子が増えたら
- 子の加算と児童扶養手当、配偶者の年金のバランス

第6章 不服申立 －結果に納得できないとき－

01 不服を申し立てる前にすること……208
- 不服申立の流れ・手順を確認しよう
- 不服申立の流れ（審査請求・再審査請求）
- 個人情報を開示請求して決定の理由を確認しよう
- 保有個人情報開示請求の流れ
- もうひとつの方法、再裁定請求も検討しよう

02 審査請求のしかた……214
- 審査請求とは？
- 不服の理由を主張する資料を集めよう
- 審査請求提出から決定までの流れ
- 審査請求書を準備しよう
- 「趣旨及び理由」の書き方
- 口頭意見陳述とは？
- 処分変更とは？
- 却下と棄却の違い

03 再審査請求のしかた 審査請求だけではあきらめない！……220
- 審査請求の決定書の内容をよく確認しよう
- 再審査請求は最後の申立
- 争点を明確にしよう
- 過去の類似事例を調べる
- 再審査請求書の提出から決定まで
- 再審査請求書の提出
- 公開審理で直接意見を述べることもできる！
- 裁決書が届いたら

第7章 障害年金についての素朴な疑問

01 働いていても障害年金はもらえるの? ……… 226
- 働いているというのはどの程度の労働を指すのか
- 外部疾患の場合は数値が明確なのでわかりやすい
- 精神・神経系統、内科的(がん・難病など)疾患と就労
- 現在、就労している場合、実態を適切に伝える方法
- 働きはじめたら、障害年金はいつ支給停止になる?
- 障害年金は資産や収入があってももらえるの?

02 障害年金をもらっていることを会社や他人に知られたくない ……… 232
- 障害年金をもらっていることを他人に知られることはあるの?
- 障害年金をもらっていることを会社に知られることはあるの?

03 障害年金を請求するタイミングはいつがいい? ……… 234
- 障害年金の手続きの理想的なタイミング

04 傷病手当金とは? 障害厚生年金との関係 ……… 236
- (併給調整①) 傷病手当金と障害厚生年金は同時にもらえるの?
- (併給調整②) 障害厚生年金が支給されるタイミング
- 障害年金をさかのぼって請求する場合の傷病手当金に関する注意点
- 傷病手当金と障害厚生年金、両方同時期に受給対象になる場合
- (協会けんぽ) 傷病手当金支給申請書の書き方

05 障害年金をもらっていても雇用保険の失業手当はもらえるの? ……… 241
- 失業手当と障害年金は調整されることなく同時にもらえる
- 退職後に病気やケガで働けない場合は、失業手当の延長ができる

29

06 障害年金と労災保険は同じ理由でもらえるの？ ……… 244
- 労災保険をもらっている場合でも障害年金はもらえるの？
- 20歳前傷病による障害基礎年金と労災保険法の年金給付の場合

07 障害のある人をサポートする給付・制度・就労支援サービス …… 246
- 労災保険や健康保険、雇用保険、生活保護との調整早わかり表
- (そのほかの制度❶) 年金生活者支援給付金
- (そのほかの制度❷) 高額療養費（高額な医療費を支払ったとき）
- (そのほかの制度❸) 限度額適用認定証
- (そのほかの制度❹) 高額医療費貸付制度
- (Caution❶) 自己負担額は世帯合算できる
- (そのほかの制度❺) 自立支援医療（精神通院医療）
- (そのほかの制度❻) 障害のある人の就労を支援するサービス

第8章　障害者とその家族のために

01 親亡きあと、障害のある子が困らないようにサポート体制を確認・備えておく …… 258
- 親亡きあと、障害のある子をサポートするのは誰？
- 障害者、そして親亡きあとの頼れる制度を知っておこう

02 障害者の頼れる味方、「成年後見制度」を知ろう …… 261
- 成年後見制度は障害者や認知症の人をサポートするしくみ
- 成年後見制度には「法定後見」と「任意後見」の2つ制度がある
- 身体障害者は成年後見制度の利用対象外
- 成年後見制度の利用を途中でやめられる？

03 法定後見制度とは？ ……… 264

- 法定後見制度ってどんな制度？
- 後見人はどうやって決まる？
- 後見制度の３つの類型が判断されて成年後見人らが選任される
- 成年後見人の役割とは？ お願いできることとできないこと
- 法定後見制度はお金がかかる？

04 任意後見制度とは？ ……… 269

- 任意後見制度ってどんな制度？
- 任意後見契約は将来の安心のために結んでおくもの
- 任意後見人にお願いできること
- 任意後見人の報酬はいくらぐらい？
- 任意後見制度のメリットとデメリット
- 親が自身で任意後見制度を利用し、障害のある子を守る

05 日常生活自立支援事業とは？ ……… 273

- 日常生活自立支援事業ってどんな制度？
- 身体障害や軽度の精神障害・知的障害であれば利用可能性が高い
- 日常生活自立支援事業の利用方法とサービス内容
- 利用料金はどれぐらいかかる？

06 民事信託制度とは？ ……… 275

- 民事信託ってどんな制度？
- 成年後見制度との違いを知り、双方の制度を上手に活用する

07 特定贈与信託、生命保険信託とは？ ……… 279

- 特定贈与信託ってどんな制度？
- 特定贈与信託を使える障害者は限定されている
- 特定贈与信託は税務上のメリットがある
- 特定贈与信託を利用するうえでの注意点

- 生命保険信託ってどんな制度？

08 親亡きあとの生活と住まいについて考えよう……………284
- 親亡きあとの生活と住まいはどうすればいい？
- 共同生活援助（グループホーム）と施設入所支援とは？

障害年金の請求と相談の窓口

※ 障害年金の請求はワンストップサービスの対象になりません。初診日に加入していた次の機関が窓口となります。

初診日が厚生年金保険被保険者期間中の場合
　　　　➡お近くの年金事務所、街角の年金相談センター

初診日が国民年金第3号被保険者期間中の場合
　　　　➡お近くの年金事務所、街角の年金相談センター

初診日が国民年金第1号被保険者期間中の場合
　　　　➡市区町村役場（国民年金担当窓口）

初診日が各種共済組合等加入中の場合
　　　　➡各種共済組合等

その他、年金のお問い合わせ先

- 日本年金機構　ホームページ https://www.nenkin.go.jp/
  ねんきんダイヤル　TEL 0570-05-1165（IP電話・PHS電話 03-6700-1165）
  ※全国の年金事務所でも受け付けています。
- 共済組合
  国家公務員共済組合連合会
  〒102-8082 東京都千代田区九段南1-1-10　TEL 0570-080-556 または 03-3265-8155
  地方公務員共済組合連合会
  〒107-0052 東京都港区赤坂8-5-26住友不動産青山ビル西館5F　TEL 03-3470-9711（代表）
  日本私立学校振興・共済事業本部
  〒113-8441 東京都文京区湯島1-7-5　TEL 03-3813-5321（代表）
- 企業年金連合会
  企業年金コールセンター　TEL 0570-02-02666（IP電話・PHS電話 03-5777-2666）

第1章 障害年金とは？

障害年金は社会保険のひとつです。病気やケガで働けなくなったり、生活に支障が出たときに支給されます。高齢でなくても受給できる公的年金です。
この章では、公的年金の制度と障害年金がどんなときにもらえるのか、大まかにお話しします。まずは公的年金のしくみを確認していきます。

	障害年金と公的年金のしくみ	
✓	確認事項	参照頁
✓	公的年金のしくみ	34
✓	国民年金と厚生年金の違い	35
✓	公的年金の3つの保障（老齢・遺族・障害）	36
✓	障害年金はどんなときにもらえる？	38
✓	障害年金の種類と金額	41

[第1章] 障害年金とは？

01 障害年金は公的年金のひとつ

Point
① 年金は国が運営している支えあいの社会保険
② 公的年金は老齢年金だけではない
③ 年金は3つのリスクに対応している

年金は3つのリスクに対応する社会保険

　年金と聞くと、高齢になったときにもらえる「老齢年金」を思い浮かべる人が多いでしょう。しかし公的年金には、次の3種類の給付があります。

① 高齢になったときの「老齢年金」
② 大黒柱が亡くなったときの「遺族年金」
③ 病気やケガで生活に支障があるときの「障害年金」

● 公的年金は、3つのリスクに備えた社会保険

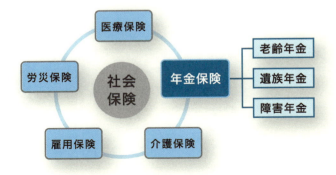

年金は社会保険のひとつです。社会保険は、国民が安心して暮らせるように国が運営している保険です。「もしものときのために保険料を納めて、いざというときに給付を受ける」という基本的なしくみは、社会保険も民間の保険も同じです。

年金制度の加入のしくみを確認しよう

公的年金には、20歳になるとすべての人が加入する「国民年金」と、会社員や公務員が加入する「厚生年金」があり、どちらの年金にいつまで加入するかは職業などによって決められています。

❶ 国民年金と厚生年金の被保険者（加入者）

ちなみに、**年金は２階建ての構造**になっていて、**年金に加入している人を「被保険者」**と呼びます。それぞれの年金の加入者は次のようになっています。

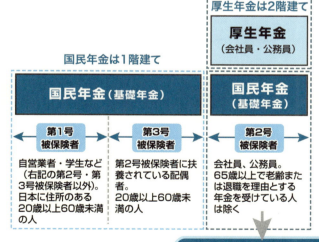

❷ 共済年金と厚生年金は一緒になりました

以前は国民年金と厚生年金のほかに、**共済年金**がありました。公務員および私学教職員が加入する年金制度でしたが、制度間の公平性を図るため、平成27年10月1日から公務員および私学教職員も厚生年金に加入することになりました（**被用者年金一元化**）。

❸ 国民年金は保険ではない？

年金は社会保険（国が運営している保険）ですが、国民年金に関しては、保険料を納めていなくても支給される無拠出型年金の給付があります。20歳前の加入義務がない期間に初診日がある人に支給される障害年金がそのひとつです。

そのため正式な制度名は国民年金と厚生年金保険といい、厚生年金には「保険」とつくのに対し、国民年金には「保険」の文字がつきません。

年金には3種類の保障（老齢・遺族・障害）がある

加入していた年金制度により、もらえる年金の種類も異なります（それぞれもらうための要件があります）。

障害年金に関しては、初診日にどの年金制度に加入していたかで、請求する年金が決まります 41頁参照 。

❶ 老齢年金 高齢になったとき

高齢になったときにもらえるのが老齢年金です。一定の年齢になったときに、納めてきた保険料に応じて、年金が支給されます。

❷ 遺族年金 一家の働き手が亡くなったとき

被保険者が亡くなったとき、残された家族がもらえるのが遺族年金です。

❸ 障害年金 病気やケガで生活に支障があるとき

病気やケガのため、就労や日常生活に支障があるときに、受けられるのが障害年金です。

海外に居住する場合 国民年金第1号の強制被保険者にはなりません（強制被保険者にはなりませんが、任意加入することはできます）。「保険料未納期間」にならないよう、海外に移住する前に、忘れずに手続きしましょう。なお、日本に住んでいる外国人も年金の被保険者になります。

まとめ！

❶ 公的年金は、3つのリスクに対応する社会保険
❷ 年金には高齢になったときの「老齢年金」、大黒柱が亡くなったときの「遺族年金」、病気やケガで日常生活に支障があるときの「障害年金」の3種類の給付がある
❸ 年金は「国民年金」と「厚生年金保険」があり、加入する年金は職業などによって決まる

［第1章］障害年金とは？

02 障害年金はどんな人がどんなときに受給できるの？

Point
1. 障害年金は現役世代でも受給できる
2. 障害年金は多くの病気やケガが対象になっている
3. 障害年金は病気やケガになった原因を問われない

障害年金は高齢でなくてももらえる年金

障害年金は、一定の障害になったときにもらえる、所得保障の意味を持つ給付です。高齢でなくても受給することができます。病気やケガで仕事や日常生活に支障があるときに支給されます。

身体や手足の障害、高度障害だけでなく、糖尿病やがんなどの内部疾患、うつ病などの精神疾患、難病も要件を満たせば請求できます。巻頭の「部位ごとの病気やケガ一覧」 10頁参照 でもわかるように、多くの病気やケガが対象になっています。

病気やケガになった原因は問われない

障害年金は、その病気やケガになった原因は問われません。

- 労災（仕事中のケガ）でももらえる
- 先天性の疾患でももらえる
- 業務外の病気やケガ（私傷病）による障害でももらえる
- 交通事故による障害でももらえる
- 専業主婦（夫）でももらえる

すべてYES

ただし「労災で給付を受ける場合」「交通事故で加害者から賠償を受ける場合」は、給付の調整があるので注意してください 7章参照 。

障害年金の等級は1級から3級まで

障害年金の等級は1級から3級まであり、それぞれの障害の程度は次のように定められています。

等級	障害の程度
1級	身の回りのことはかろうじてできるが、それ以上のことはできないかやってはいけない場合 病院 活動の範囲がおおむねベッド周辺にかぎられる人 家庭 活動の範囲がおおむね寝室にかぎられる人
2級	家庭内の極めて簡単な活動（軽食をつくったり、下着程度の洗濯など）はできるが、それ以上のことはできないかやってはいけない場合 病院 活動の範囲がおおむね病棟内にかぎられる人 家庭 活動の範囲がおおむね家の中にかぎられる人
3級	病気やケガが治らないで、労働が著しく制限されたり、労働に制限を加えることを必要とする場合

参考 日本年金機構「国民年金・厚生年金保険 障害認定基準」

よくある誤解❶「働いているともらえない」は間違い！

障害年金は働いていてももらえます。「働けないこと」は要件ではありません。要件を満たし、障害等級に該当すると認定されれば、就労していても支給されます。ただし、病気やケガの種類や等級によっては、就労しているか労働に制限があるかどうかが、審査のひとつの判断材料になることもあります 第7章参照 。

よくある誤解❷「障害者手帳がないともらえない」は間違い！

障害年金は障害者手帳がなくてももらえます。 障害者手帳がないと

年金はもらえないと誤解する人も多いのですが、**「障害者手帳の認定基準」と「障害年金の認定基準」は違うもの**です。逆にいえば、障害者手帳を持っていても障害年金をもらえない人もいます。

障害の程度が軽い場合「障害手当金」が支給される

障害の程度が3級より軽い症状で、障害年金の等級には該当しない場合でも**「障害手当金」という一時金が支給される**ケースがあります。

障害手当金は、次の❶から❹の要件をすべて満たしているときに支給されます。**この一時金は「厚生年金にしかない制度」**で、国民年金にはありません。

●「障害手当金」の受給要件

❶ 初診日が厚生年金の被保険者期間内である
❷ 初診日において保険料納付要件を満たしている
❸ 障害の原因となった病気やケガの初診日から5年以内に治っている、または症状が変わらなくなった（それ以上治療の効果が期待できない状態も含む）
❹ ❸の治った日（または症状が変わらなくなった日）において、定められた障害の程度である

まとめ！

❶ 障害年金は病気やケガになった原因を問われないので、要件を満たせば、専業主婦（夫）でももらえる
❷ 「障害者手帳」と「障害年金」は別の制度。障害年金は身体や手足の障害・高度障害だけでなく、多くの病気やケガが対象になる
❸ 障害年金の対象とならない程度の軽い症状で、一時金（障害手当金）が受給できるケースもある

[第1章] 障害年金とは？

03 受給できる障害年金の種類とそれぞれの金額

Point
1. 加入していた年金制度により、もらえる金額が違う
2. 障害基礎年金には子どもの加算がある
3. 障害厚生年金（1、2級）には配偶者の加給年金がある

障害基礎年金と障害厚生年金

障害年金には、「障害基礎年金」と「障害厚生年金」があります。どちらがもらえるかは、初診日に加入していた制度によって決まります。

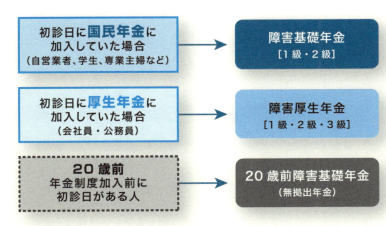

※ 20歳前（年金加入義務がない期間）に初診日がある人は、保険料を納めていなくても支給されるため、「無拠出年金」と呼ばれることもある。

障害年金は2階建て

障害基礎年金は、等級の重い順に1級と2級、障害厚生年金は1級から3級まであります。障害厚生年金は1、2級であれば、次のように**2階建て**でもらえます。

	障害厚生年金 1級または2級	障害厚生年金 3級
障害基礎年金 1級または2級	障害基礎年金 1級または2級	障害基礎年金 3級なし

- ・初診日に国民年金加入の人
- ・20歳前(年金加入前)に初診日がある人

- ・初診日に厚生年金加入の人(1級または2級)

- ・初診日に厚生年金加入の人(3級)

障害基礎年金はいくらもらえる?(年額)

障害基礎年金は「定額」です。**加入年数にかかわらず、等級が同じであれば、誰もが同じ金額**になります。障害年金受給者に生計を維持されている子どもがいる場合は、「子の加算」がつきます。

● **障害基礎年金の金額**

等級	年金額	子の加算	
1級	103万9,625円 (※2級の1.25倍)	子ども2人まで	1人につき23万9,300円
2級	83万1,700円	子ども3人目から	1人につき7万9,800円

> 加算の対象となる子どもとは
> - 18歳到達年度末までの子(18歳になったあとの最初の3月31日までの子)
> - 20歳未満で障害等級1、2級の障害の状態にある子

障害厚生年金はいくらもらえる？（年額）

障害厚生年金は、もらっていた報酬や加入月数によって計算されます。配偶者がいる場合は、23万9,300円の「加給年金額」（定額）がつきます。

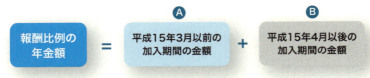

※ 厚生年金期間が300月（25年）未満の場合は、300月とみなして計算する。

● 障害厚生年金の金額

Ⓐ 平成15年3月以前の加入期間の金額	平均標準※1 報酬月額 × $\dfrac{7.125}{1,000}$ × 平成15年3月までの加入月数
Ⓑ 平成15年4月以降の加入期間の金額	平均標準※2 報酬額 × $\dfrac{5.481}{1,000}$ × 平成15年4月以降の加入月数
配偶者の加給年金額（定額）	23万9,300円 配偶者の要件 65歳未満、年収850万円未満

※1 平均標準報酬月額：平成15年3月以前の標準報酬月額の総額を、平成15年3月以前の加入期間で割ったもの。
※2 平均標準報酬額：平成15年4月以降の標準報酬月額と、標準賞与額の総額を平成15年4月以降の加入期間で割ったもの。

公的年金の年金額は、物価や賃金の変動率などに応じて年度ごとに改定されることになっています。令和7年度の年金額は次頁の図のとおりです。

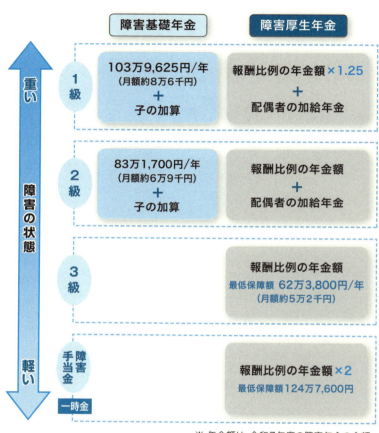

※ 年金額は、令和7年度の障害年金の金額。
※ 子の加算については、令和10年4月から加算額の引き上げ等見直しが予定されています。

まとめ!

❶ 障害年金は初診日に加入していた年金制度や家族構成によって、もらえる年金の種類と金額が違う

第2章 障害年金をもらうための3つの大切なこと

障害年金には3つの要件、初診日の要件 保険料の要件 障害の程度要件 があります。要件を満たさなければ、どんなに重い症状でも受給することができません。また要件を確認する際に重要なのが「初診日」です。障害年金制度における「初診日」については誤解も多いので、正しく理解する必要があります。第2章では、受給するための大切な3つの要件とわかりづらい「初診日」について見ていきます。

障害年金の受給要件

✓	確認事項	参照頁
✓	受給要件❶ 初診日に公的年金に加入していたか？	46
✓	初診日の考え方・具体例	47
✓	受給要件❷ 保険料を納めていたか？	53
✓	受給要件❸ 障害の程度は等級に該当するか？	56
✓	障害の程度を確認する障害認定日とは？	59
✓	3つの請求方法（認定日請求、事後重症、遡及請求）	61
✓	病気やケガが2つ以上あるときの認定方法	62
✓	障害年金を請求できるのは原則65歳まで	66
✓	老齢年金の障害者特例	68

[第2章] 障害年金をもらうための3つの大切なこと

01 ［初診日の要件］初診日に公的年金に加入していること

Point
1. 初診日を確定しないと次に進めない
2. 初診日に加入していた年金制度で請求する年金が決まる
3. 初診日は障害年金のあらゆることの基準になる大切な日

障害年金の初診日要件とは

障害年金を請求するにあたり、「**初診日を確定、証明することが何より大切**」です。この初診日を基準に受給要件を確認するためです。

> **障害年金の初診日要件とは** 初診日において次のいずれかであること
> ・公的年金に加入している人
> ・20歳未満の人
> ・公的年金に加入していた60歳以上65歳未満の人

初診日は、このあと見ていく保険料要件、障害の程度要件にも関わってくる非常に重要な日です。まずは、初診日の考え方を確認しましょう。

はじめは違う病気やケガだったときは？
健康診断で所見を指摘されたときは？
1度治って再発したときは？
初診日に未納だったときは？

初診日について具体例を見てみよう

初診日とは、その傷病（病気やケガ）で、はじめて医師または歯科医師の診療を受けた日で、治療行為や療養に関する指示があった日です。必ずしも確定診断があった日（病名が判明した日、病名が確定した日）ではありません。

注意しなくてはいけないのが、初診日は、はじめて医師または歯科医師の診療を受けた日とされているため、**医師または歯科医師でない整骨院は、初診日とは認められません。**

傷病（病気やケガ）によっては治療行為を開始した病院、発症が確認された日や確定診断があった日を初診日とするケースもあります。

最初の受診では、すぐに診断名がつかなかったり、誤診だったりということもあるでしょう。その場合でも、基本的に最初にかかった病院が初診になります。

・たった1日しか受診していない
・診断名がつかなかった
・誤診だった

←初診日はこっち！

・診断名がついた
・ずっと治療に通った

Ⓐ 最初に行った病院　➡　Ⓑ 転医した病院

● 初診日に関する具体的な例

具体例	初診日
・同じ病気やケガで転医がある場合	1番はじめに医師または歯科医師の診療を受けた日
・はじめは、違う病名だった場合 ・はじめは、誤診だった場合	違う病名であっても、誤診であっても、1番はじめに医師または歯科医師の診療を受けた日
・知的障害	出生日（当時実際に診断・受診がなくても）
・知的障害を伴わない発達障害	実際の初診日

（次頁に続く）

47

具体例	初診日
・先天性の疾患（心疾患・網膜色素変性症など）	症状が現れてはじめて医師または歯科医師の診療を受けた日
・健康診断で異常を指摘され、医療機関を受診した場合 ⇒ ❶	治療行為や療養のために、医師の診察を受けた日
・相当因果関係がある病気やケガで受診したことがある場合 ⇒ ❷	最初の傷病の初診日
・傷病がいったん治癒し、再発した場合 ⇒ ❸	再発後にはじめて医師の診療を受けた日
・整骨院・鍼灸院に行った日	×　初診日とは認められない

❶ 健康診断後に受診したとき

健康診断で異常を指摘され、その後受診した場合、原則医師の診療を受けた日が初診日になります。以前は健康診断の日が初診日となるケースもありましたが、平成27年10月、初診日の取り扱いに関する文書で明確にされました。ただし、**一定の条件の下で健康診断の日が初診日と認められるケースもあります。**

● 健康診断の日が初診日と認められるケース

　平成27年9月の厚生労働省からの通達、「年金の初診日を明らかにすることができる書類を添えることができない場合の取り扱いについて」を要約すると、次のようになります。

> **はじめて治療目的で医療機関を受診した日の医証が得られず、医学的見地からただちに治療が必要と認められる健診結果の場合、健診日を初診日とするよう申立があれば、健診日を証明する資料（人間ドックの結果など）を求めたうえで、初診日として認めることができる**

❷ 相当因果関係とは？　2つの傷病の関係は？

「今の疾病（心と体の不調）と関連がある傷病（病気やケガ）」で以前受診したことがあり、前の傷病Ⓐがなかったら、後の疾病Ⓑはなかっただろうと考えられる場合、同一傷病（同一の病気やケガ）として扱います。 前の傷病と後の疾病は「相当因果関係あり」とされ、名前が違っていても障害年金を請求するにあたっては、ⒶとⒷは同一傷病となります。

Ⓐの傷病がなければ、Ⓑの疾病はない

Ⓐ 前の傷病　➡　Ⓑ 後の疾病

因果関係あり ➡ 初診日はⒶ

※ 前にあるⒶは「傷病」で、疾病だけでなく外傷も含まれるが、後のⒷには原則外傷は含まれない。

同一傷病と認められたら、前の傷病Ⓐについて、はじめて医師の診察を受けた日が初診日となります。

> **例**　糖尿病と診断されて治療していた人が、その後糖尿病性網膜症になった場合、糖尿病と糖尿病性網膜症は因果関係があると認められるため、糖尿病ではじめて医師にかかった日が初診日になる

逆に因果関係なしとして例示されているものもあります。次頁の図の**高血圧Ⓐと脳梗塞Ⓑについては、医学的には「発症のリスクが高まる」とされていますが、年金請求上、因果関係は認められません。**
この場合は、後の脳梗塞Ⓑの初診日が初診日として取り扱われます（高血圧と脳血管疾患の因果関係については誤解が多いので、注意して

ください)。

● 前の傷病と後の疾病の因果関係

傷病 Ⓐ		疾病 Ⓑ	初診日
糖尿病	----▶	糖尿病性網膜症、糖尿病性腎症、糖尿病性壊疽	傷病Ⓐの初診日が初診日。相当因果関係あり
糸球体腎炎（ネフローゼ含）、多発性のう胞腎、慢性腎炎	----▶	慢性腎不全	
肝炎	----▶	肝硬変	
結核	----▶	聴覚障害（化学療法の副作用）	
輸血の必要な手術	----▶	肝炎（輸血による）	
ステロイド投薬が必要な傷病	----▶	大腿骨頭無腐性壊死（ステロイド投薬による副作用）	
事故による傷病、脳血管疾患	----▶	精神障害	
肺疾患の手術	----▶	呼吸不全	
悪性新生物（がん）	----▶	転移性悪性新生物（原発と組織上一致、または転移と確認できたもの）	
高血圧	--✕▶	脳血管疾患	疾病Ⓑの初診日が初診日。因果関係なし
糖尿病	--✕▶	脳血管疾患	
近視	--✕▶	黄斑部変性、網膜剥離、視神経萎縮	

❸ いったん治癒して再発した場合の初診日は？

ある傷病（病気やケガ）が治癒したあとしばらくして再発した場合、初診日はいつになるのでしょうか？

いったん治癒したことが認められれば、再発後の初診日がその傷病（病気やケガ）の初診日になります。しかし認定はケースバイケースで、傷病（病気やケガ）の種類や再発までの期間などによって実際の判断は異なります。**治癒したと認められない場合は、傷病（病気やケガ）が継続していると判断**されます。

● 社会的治癒とは？

医学的には治癒したと認められなくても、一定期間、症状が安定して治療の必要がなく、社会生活を送っていたとします。この場合は「**社会的治癒**」として、**その後にはじめて病院を受診した日を初診日として取り扱うこと**もあります。

> **社会的治癒の要件**
> ❶ 症状がなく、社会生活が可能であったこと
> ❷ 治療投薬を要しないこと

初診日が複数考えられるとき

　再発のとき、因果関係があるかもしれない傷病で受診歴があるとか、初診日の候補が複数考えられるときは、自分で判断せずに、年金事務所や社会保険労務士に相談してください。

　社会的治療の取り扱いに関しても、提出する「受診状況等証明書」「診断書」「病歴・就労状況等申立書」などの記載内容から個別に判断されます。

　請求側が社会的治療を申し立てて請求しても、認められない場合もあります。初診日が複数考えられる場合は、しっかり確認したうえで書類の準備を進める必要があります。**自分でここが初診日だと主張したいところがあるのであれば、それを証明する資料を提出**します。

　特に、その日付によって**初診日に加入していた公的年金が変わる場合は注意が必要**です。

まとめ！

1. 初診日はあらゆることの基準になる重要な日。初診日に加入していた年金制度で請求する年金が決まる
2. 初診日は確定診断があった日ではなく、原則その病気やケガではじめて医師の診察を受けた日。最初に病院にかかった日に診断名がついていなかったとしても、また誤診だったとしても、最初に医師の診察を受けた日が初診日になる。ただし傷病によっては、治療行為を開始した病院に最初にかかった日、発症が確認された日や確定診断があった日を初診日とするケースもある
3. 請求する病気やケガの受診の前に、因果関係がある傷病の受診がある場合は、前の病気やケガの受診が初診日になる
4. 1度治癒して再発したり、治療の必要がなく社会生活を普通に送っていた場合は、その後はじめて医師の診察を受けた日が初診日になることもある

[第2章] 障害年金をもらうための3つの大切なこと

02 [保険料の要件] 年金保険料を納めていること

Point
1. 公的年金も保険。一定の保険料を納めていないと受給できない
2. 保険料の納付要件は、初診日の前日までの納付状況を確認する
3. 初診日のあとに保険料を納めた分は、納付済み月数としてカウントされない

一定の年金保険料を納めていないと受給できない

障害年金を請求するためには、初診日を基準に一定の保険料を納めていることが必要です。未納期間があっても、次頁のいずれかの要件を満たせば請求することができます。ただし、**20歳前に初診日がある場合は、納付要件は問われません。**

> **20歳前に初診日がある障害年金** 20歳前傷病の場合、保険料納付要件を問われないのは20歳前には公的年金に加入義務がなく、保険料を納めていなくて当然だから。20歳前傷病は無拠出制年金になるため、受給者には所得制限が設けられている

保険料の納付要件を見るときは、初診日の前日時点[※1]**で、初診日のある月の前々月まで**[※2]**の保険料納付状況を確認します。**

※1 **なぜ初診日の前日時点なのか？**：初診日以降に過去の保険料をさかのぼって支払った分は、障害年金の受給要件とは関係ない。初診日以降にあわてて支払ってもダメですよということ。そのため、初診日の前日時点での納付状況を確認する。
※2 **初診日のある月の前々月までの納付状況とは？**：年金保険料の納付期限が翌月のため、その時点で納付期限がすぎている保険料（支払うべき保険料）は前々月分までになる。

未納の期間があっても納付要件をクリアすれば大丈夫

次の❶、❷いずれかの要件を満たすことが必要です。

❶ 公的年金の加入期間の3分の2以上の期間について、保険料が納付または免除されていること

❷ 初診日のある月の前々月までの直近の1年間に保険料の未納がないこと（初診日において65歳未満にかぎる）

保険料を払っていない期間があっても、上記❶か❷のどちらかに該当すれば大丈夫！まずは納付状況を確認しましょう。

未納期間と免除期間の違い

　国民年金制度には、保険料が納められない事情があるときの「保険料免除制度」があります。法定免除 188頁参照 以外は申請により認められる制度で、収入などによって全額免除から4分の1免除まであります。

　障害年金の納付要件を確認する際、この免除期間は未納期間とはならず、納付済期間と同様にカウントされます。ただし、全額の免除でない場合は、免除されていない部分の保険料を納めていないと、未納期間になってしまいます。

　保険料を納められない事情があっても、免除の申請手続きをしておかなければ未納期間の扱いになります。また免除とは別に、「保険料の猶予制度」もあります。両方とも申請によって認められる制度です（保険料の猶予期間も、障害年金の受給要件を確認する際は免除期間となります）。

　保険料を払えない事情があるときは、未納のままにせず、免除制度を利用しましょう。

まとめ！

❶ 納付要件は2つのうち、どちらかを満たしていれば請求できる
❷ 20歳前に初診日がある場合は、年金制度に加入する義務がないことから、保険料の納付要件は問われない
❸ 初診日のあとに保険料を納めた分はカウントされない。初診日の前日までに納付された分で確認する
❹ 保険料を納められない事情があるときは、免除の申請をしておく

[第2章] 障害年金をもらうための3つの大切なこと

03 [障害状態要件] 障害の程度が等級に該当していること

Point
1. 障害の等級は、認定基準で定められている
2. 等級に該当するかは主に診断書で判断される
3. 障害の程度を確認する日を「障害認定日」という

障害の等級（1〜3級）は認定基準で定められている

障害の程度が、「障害等級」に該当していると認定されなければ障害年金は支給されません。 障害年金に該当する障害の程度・障害の状態は、国民年金法施行令別表、厚生年金保険法施行令別表に明記されています。少しわかりにくいですが、関係する個所だけは見ておきましょう。

● 参考 **国民年金法施行令別表**

障害の程度		障害の状態
1級	1	両眼の視力の和が0.04以下
	2	両耳の聴力レベルが100デシベル以上
	3	両腕を使うことができない
	4	両手すべての指を欠いている
	5	両手のすべての指を使うことができない
	6	両足を使うことができない
	7	両足の足関節以上を欠いている
	8	体幹の機能障害で座っていることができない。または立ちあがることができない
	9	体の機能障害または長期安静を必要とする病状により、日常生活を1人で送ることができない
	10	精神の障害により、日常生活を1人で送ることができない
	11	体の機能障害・病状または精神の障害が複数あって、日常生活を1人で送ることができない

障害の程度		障害の状態
2級	1	両眼の視力の和が0.05以上0.08以下
	2	両耳の聴力レベルが90デシベル以上
	3	平衡機能の障害で、真っすぐ歩いたり、立ちあがったり、立っていることができない
	4	流動食以外は摂取できない。口から食物を摂取することができない
	5	日常会話が誰とも成立しない(発音に関わる機能を喪失していて、話すことや聞いて理解することのどちらかまたは両方がほとんどできない)
	6	両手のおや指およびひとさし指または中指を欠いている
	7	両手のおや指およびひとさし指または中指が使えない
	8	片腕を使うことができない
	9	片手のすべての指を欠いている
	10	片手のすべての指を使うことができない
	11	両足のすべての指を欠いている
	12	片足が使えない
	13	片足を足関節以上で欠いている
	14	体幹の機能障害で歩くことができない
	15	体の機能障害または長期安静を必要とする病状により、日常生活に多くのサポートを必要とする
	16	精神の障害により、日常生活に多くのサポートを必要とする
	17	体の機能障害・病状または精神の障害が複数あって、日常生活に多くのサポートを必要とする

● 参考 **厚生年金保険法施行令別表**

障害の程度		障害の状態
3級	1	両眼の視力が0.1以下
	2	両耳の聴力が、40センチメートル以上では通常の話声を解することができない
	3	全粥または軟菜(やわらかい食品を煮たり、蒸したりしたもの)以外は摂取できない、日常会話が部分的にしか成り立たない
	4	脊柱の可動域が半分以下に制限され、労働に制限がある
	5	片腕の2関節を使うことができない
	6	片足の2関節を使うことができない
	7	骨折後の後遺障害により運動機能に著しい障害が残った
	8	片手のおや指およびひとさし指を失ったもの
	9	おや指およびひとさし指を併せ、片手の4指を使うことができない
	10	片足をリスフラン関節 201頁参照 より上で失ったもの
	11	両足の10指が使うことができない

(次頁に続く)

障害の程度		障害の状態
3級	12	身体の病気やケガにより労働に制限を受ける
	13	精神・神経系統の障害により労働に制限を受ける
	14	病気やケガが治らないもので、まったく働けないわけではないが、できる仕事がかぎられる

障害の程度		障害の状態
障害手当金	1	両眼の視力が0.6以下
	2	1眼の視力が0.1以下
	3	まぶたをしっかり閉じることができない
	4	両眼の視野が2分の1以上欠損または両眼の視野が10度以内
	5	両眼の調節機能の障害により複視や眼精疲労による頭痛などが生じ、読書が続けられない
	6	片耳の聴力が、耳に接して大声で話さなければ理解できない
	7	そしゃく・嚥下機能障害で、ある程度の常食は摂取できるが、食事が制限されるもの。言語の障害で、日常会話が互いに確認することなどである程度成り立つもの
	8	鼻を欠損したもの
	9	脊柱の可動域が4分の3以下に制限され、労働において制限を受けることがある
	10	片腕の1関節に著しい機能障害がある
	11	片足の1関節に著しい機能障害がある
	12	片足を3cm以上短縮したもの
	13	長管状骨に著しい転位変形を残すもの
	14	片手の2指以上を失ったもの
	15	片手のひとさし指を失ったもの
	16	片手の3指以上を使うことができない
	17	ひとさし指を併せ、片手の2指を使うことができない
	18	片手のおや指を使うことができない
	19	片足のおや指またはほかの4指以上を失ったもの
	20	片足の5指を使うことができない
	21	身体の障害により、労働に制限を受けることがある。できる仕事がかぎられる
	22	精神・神経系統の障害により労働に制限を受けることがある。できる仕事がかぎられる

参考 「国民年金法施行令別表厚生年金保険法施行令別表第1及び第2」

誰が認定するの？

年金を請求するときは、「医師の診断書」や「病歴・就労状況等申立書」（これまでの治療歴や日常生活状況を申し立てる書類）などを提出します。**障害の程度が定められた障害等級に該当するか、該当するのであれば何級なのかは、これらの書類から判断**されます。

認定するのは、医師の資格を持つ「日本年金機構の認定医（判定医）」です。

定められた認定基準に基づき、等級判定する

自分の傷病の等級目安を確認しよう

具体的な審査は、傷病（病気やケガ）ごとに定められた「障害認定基準」によって認定されます。**障害認定基準は改正が入ることがあるので、日本年金機構のホームページにある最新のもので、請求を考えている傷病の等級目安を確認**してみましょう。

数値で程度をはかれない傷病もあるので、請求してみないとわからないケースも多いですが、視覚障害や聴覚障害、そのほかの検査数値で等級が明らかな傷病であれば、障害年金をもらえるかどうか、見当をつけることができます。

障害の程度を判断する障害認定日とは？

障害の程度を判断する日を「障害認定日」といいます。障害認定日

59

は、原則初診日より１年６カ月を経過した日です。ただし、１年６カ月よりも前に治った（症状が固定した場合を含む：下記参照）と認められる場合には、その日が障害認定日となるケースもあります。

この障害認定日の時点で、障害等級に該当すると認定されたら、認定日の翌月から障害年金が支給されます。

治った（症状が固定した）とは？　医学的に治癒したと認められなくても、症状が固定し、これ以上治療の効果が期待できない状態のこと

覚える！ 障害認定日とは？

① 原則　初診日から１年６カ月が経過した日
② 例外　１年６カ月よりも前に治った（症状が固定した）と認められる場合にはその日
③ 20歳前傷病の場合　20歳の誕生日の前日
※ ❶または❷が20歳の誕生日以降である場合は、❶または❷の日が障害認定日になる。

障害認定日の例外

　初診日から１年６カ月経過するよりも前の日が認定日になるのは、次頁のケースです。例外とされる障害認定日が初診日から１年６カ月経過後である場合は、原則どおり１年６カ月経過日が障害認定日です。

● 障害認定日の例外

障害認定日の例外に該当するケース	障害認定日
人工透析療法をはじめた	透析開始から3カ月経過した日
人工骨頭、または人工関節を挿入置換した	挿入置換した日
人工弁、心臓ペースメーカー、植え込み型除細動器（ICD）、心臓再同期医療機器（CRT）、除細動器機能付き心臓再同期医療機器（CRT-D）を装着	装着した日
人工肛門造設、尿路変更術	造設した日または手術日から6カ月経過した日
新膀胱造設	造設した日
手足の切断	切断した日
咽頭全摘出	摘出した日
在宅酸素療法をはじめた	在宅酸素療法を開始した日
脳血管疾患による機能障害	初診日から6カ月経過日以降で症状固定と認められる日
人工血管（ステントグラフトも含む）を挿入置換	挿入置換した日
人工心臓、補助人工心臓の装着	装着した日
心臓移植の施術	施術日
遷延性植物状態	その状態に至った日から3カ月経過日以降、回復が見込めないとき

請求方法は請求時期によって3パターン

❶ 認定日請求（本来請求）

障害認定日の時点で障害等級に該当するかどうか審査してもらう請求を「認定日請求（本来請求）」といいます。

❷ 事後重症請求

障害認定日の時点では症状が軽く障害の状態に該当しなくても、あ

とから障害等級に該当する程度の症状になった場合、該当するようになったときに請求することができます。これを「事後重症請求」といいます。ただし、事後重症請求は、65歳までにしなければなりません。

❸ 遡及請求

障害認定日に障害等級に該当していたけれど、障害年金のことを知らずに当時は請求していなかったという人などは、障害認定日の時点にさかのぼって請求することができます。これを「遡及請求」といいます。

遡及請求は、必ず「障害認定日」にさかのぼって請求します。1番症状が悪かった任意の時期にさかのぼって請求することはできません。また障害認定日が5年以上前でも、さかのぼって受給できるのは時効により5年分のみです。

❶〜❸まで、それぞれ準備する診断書の時期は、次の章 94頁参照 でお話しします。

2つ以上の病気やケガがあるときの認定方法

大きく3つの認定方法があります。

同じ病気やケガによって複数の障害があるのか、いつ認定の対象となる障害があらわれたのか、またそれぞれの障害がどの程度なのかによって、認定方法が変わってくるので、迷ったときは、年金事務所、社会保険労務士などに相談しましょう。

❶ 併合認定

1つひとつの障害の程度を評価してから、あわせて等級を決定する方法を、併合認定といいます。

STEP 1 個々の障害について「併合判定参考表」※から、それぞれ障害の程度の該当番号を求める。

STEP 2 その番号を「併合認定表」※にあてはめて等級が決定する。

※「併合判定参考表」「併合認定表」は障害認定基準 59頁参照 に載っています。

❷ 総合認定

「内科的疾患が併存している」「精神障害が複数ある」場合は、併合認定表を用いず、総合的に見て等級を判断します。

❸ 差引認定

もともと障害がある同じ部位に別の障害が加わったとき、現在の障害の程度からもともとあった障害の程度を差し引いて認定します。

障害年金の受給権者に新たな傷病が加わったとき

障害年金をもらっている人に、さらに別の病気やケガで障害年金を支給する理由が生じた場合、2つをあわせた障害による障害年金が支給されます。

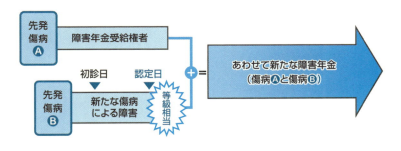

それぞれの等級や初診日に加入していた年金制度によっては、2つの障害年金から選択となる場合もあります。

はじめて2級（または1級）

2級未満の軽い障害（先発傷病）があった人に、新たに別の後発傷病が加わり、**2つの障害をあわせてはじめて2級（または1級）に該当したときに請求できます。**

はじめて2級（または1級）の要件

- 後発傷病の初診日が、前発傷病の初診日よりあとにある
- 後発傷病について、初診日要件と保険料納付要件を満たしている
  ※ 前発傷病については保険料要件を問われない
- 後発傷病の障害認定日から65歳になる日の間に、はじめて1級または2級に該当する程度の障害の状態になった（※請求は65歳以降でも可能）

まとめ！

1. 障害年金をもらうためには、3つの要件をクリアする必要がある
2. 診断があっただけではもらえず、認定基準に基づき、障害等級に該当するか審査される
3. 障害認定基準で自分の病気やケガの等級目安を確認し、等級に該当するか見当をつける
4. 障害の程度を判断する日を「障害認定日」といい、障害認定日に等級に該当しなくても、その後悪化したときに請求できる
5. 障害認定日の時点にさかのぼって請求することもできる

[第2章] 障害年金をもらうための3つの大切なこと

04 いつからいつまで受給できる？

Point
1. 請求方法、請求時期で受給権の発生時期も違ってくる
2. 請求できるのは原則65歳まで
3. 65歳をすぎても請求できるケースがある

障害年金はいつから受給できるの？

受給の開始時期は下図のとおり、**認定日請求の場合は、障害認定日の属する月の翌月分から、事後重症請求の場合は請求した日の属する月の翌月分から**支給されます。

● 3つの請求方法と受給権の発生時期

① 認定日請求（本来請求）

② 事後重症請求

障害年金はいつまで受給できるの？

障害年金は、支給が開始されれば障害の等級に該当している間はずっと受給することができます。

障害の等級に該当している状態かどうかは、定期的に診断書を提出し審査されます（第5章 193頁参照 ）。

ほかの年金をもらえるようになったら両方もらえるの？

老齢年金を受給できる年齢になっても障害年金の受給権はそのままですが、両方の年金を満額受給することはできません。

65歳までは、ひとつの年金を選択して受給することになります（遺族年金も同様）。1章でお話しした2階建ての年金（同じ理由で支払われる基礎年金と厚生年金）は、ひとつの年金とみなされます。

年金事務所や市区町村役場、街角年金相談センターで、どの組みあわせが有利か相談し、選択しましょう。

障害年金を請求できるのは原則65歳まで

障害年金の請求ができるのは、原則65歳までです（厳密には65歳の誕生日の前々日まで）。また老齢年金を繰りあげて受給してしまうと、65歳に達したとみなされてしまい、障害年金を請求できなくなります。**65歳以降、障害年金を請求できるのは68頁のケース**です。

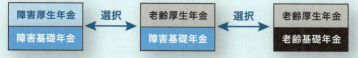

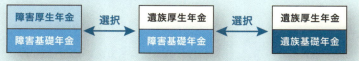

老齢年金の障害者特例

　特別支給の老齢厚生年金（60～65歳にもらえる報酬比例部分）を受けている人について、障害等級3級以上に該当した場合、一定の要件のもとで、老齢年金の受給金額が増えるケースがあります。

　男性は昭和36年4月1日以前生まれの人、女性は昭和41年4月1

日以前生まれの人が対象です。該当した場合、障害年金を受給するより有利な場合がありますので、年金事務所などで確認しましょう。

● 65歳以降でも障害年金を請求できるケース

> CASE 1　初診日が65歳前で、障害認定日に障害状態があった人は、65歳すぎても認定日請求ができる（事後重症請求はできない）
>
> CASE 2　65歳以降で、国民年金任意加入中に初診日がある場合、障害基礎年金が請求できる。本来国民年金は60歳までの加入だが、老齢基礎年金の受給資格がない場合は、65歳以降も希望すれば国民年金に加入することができる。その期間に初診日がある傷病であれば、障害基礎年金を請求することができる
>
> CASE 3　65歳以降で、厚生年金に加入中に初診日がある場合、障害厚生年金が請求できる

まとめ！

❶ 認定日請求の場合は、障害認定日の属する月の翌月分から、事後重症請求の場合は、請求した日の属する月の翌月分から支給される

❷ 遡及請求の場合は、障害認定日の属する月の翌月分から受給できるが、受給できるのは障害認定日が5年以上前であっても時効により5年分のみ

❸ 受給がはじまったら、障害等級に該当している間、年金を受給することができる

❹ 障害年金は原則65歳までに請求しなければならない。65歳をすぎると請求できるケースがかぎられる

第3章 障害年金の手続きの流れ

障害年金の書類、手続きについて見ていきます。「初診日の証明書類」「診断書」「病歴・就労状況等申立書」など、準備するものは受給権を左右する大事な書類ばかりです。障害年金は書類審査です。事前の準備から提出まで、順序立てて丁寧に進めていきましょう。

障害年金の手続きの流れと必要書類

✓	確認事項	内容	参照頁
✓	事前の準備	病歴・受診歴の整理	70
✓	年金事務所などに相談	保険料納付状況確認・書類入手	72
✓	初診日を証明する	カルテがなくてもあきらめない	77
✓	診断書を依頼する	医師に症状などを正確に伝えよう	92
✓	病歴・就労状況等申立書とは	生活状況等を申し立てよう	98
✓	その他添付書類を準備する	人それぞれ異なるため事前に確認	110
✓	提出、提出後の流れ	提出書類は必ずコピーをとる	112

[第3章] 障害年金の手続きの流れ

01 事前準備をしっかりしよう

Point
① これまでの病歴・治療歴などを整理しよう
② 申請までの手順を把握しよう
③ 障害年金を検討していることを医師にも相談しておこう

❶ 手続きの手順を覚えよう

右図の流れに沿って1つひとつ見ていくので、流れを覚えておきましょう。わからなくなったら、必ずこの頁に戻ってきて、手続きの流れを確認してください。

❷ 病歴・治療歴の整理からはじめよう

では、これまでの病歴・治療歴を整理しましょう。発病からの期間が短かったり、転医がない人はそれほど時間がかからない作業ですが、初診から何年も経っていたり、転医を繰り返している場合は、丁寧に記憶をたどりましょう。診察券を確認したり、家族に聞いたりすることで、本人が忘れていた事実が出てくることもあります。請求する病気やケガについて、それに関わるもの、因果関係があるかもしれないと考えられる受診について、書き出すことからはじめてください。

何年も前のことだと、はっきり覚えていないこともあるでしょう。「〇〇年ごろ」とか、「〇〇市にあった病院」とか、思い出せる範囲で整理するところからでかまいません。障害年金の書類は和暦で記載するようになっているので、西暦の記録は和暦に直して整理しておきましょう。日常生活や就労状況についても、大まかに一緒に時系列に整理しておくと整合性が取りやすくなります。

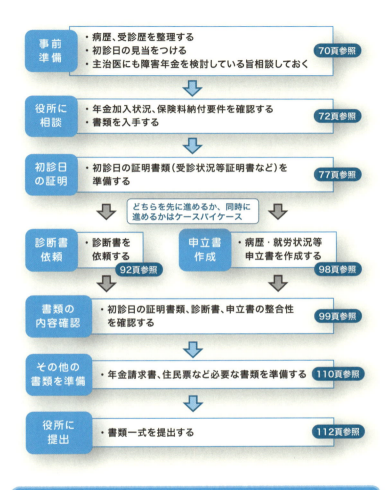

❸ 初診日の見当をつけよう

病歴・治療歴が整理できたら、初診日がいつなのか見当をつけます。**初診日は必ずしも診断名がついた日ではありません**。第2章「初診日に関する具体的な例」 47頁参照 を参考に、請求傷病について、いつが初診日になるか考えましょう。

初診日は受給権の決定を左右する重要な日なので、迷ったり悩んだりしたら、1人で判断せず、年金事務所や市区町村役場、社会保険労務士に相談しましょう。次の例のように、初診日となり得る日が複数考えられる場合は特に気をつけましょう。

> **例**
> ・今の病気やケガと因果関係があるかもしれない症状で受診したことがある場合
> ・1度治って、また症状が出て通院を再開した場合

❹ 医師に相談しておこう

　診断書の種類によっては、測定数値・検査結果を記載する病気やケガもあります。

　診断書を作成するにあたり、新たに検査や測定をしなければいけないケースもあるので、**障害年金の請求を考えた時点で、主治医に申請を検討していることを相談し、診断書を依頼したい旨をお願いしておきます。**

　障害年金は医師でも誤解が多く、等級に該当する病気やケガでも「この程度では障害年金はもらえないよ」と言われて、診断書を書いてくれなかったという話も耳にします。

　そんなときは、 59頁参照 で説明した、**病気やケガごとに文書になっている「障害認定基準」を印刷し、医師に見せて協力をお願いしましょう。**

❺ 年金事務所や役所に相談に行こう

　障害年金の相談先・申請先は、初診日にどの年金制度に加入していたかで、次のように異なります。

　スムーズに相談が進むよう、受診歴などを整理して、情報をまとめて持っていきましょう。

● 障害年金の相談先・申請先

初診日に加入していた年金制度	窓　口
初診日に国民年金（自営業の人）	原則は市区町村役場 ※年金事務所、街角の年金相談センターでも可
初診日に厚生年金、3号被保険者の人（会社員・会社員の妻）	年金事務所、街角の年金相談センター
初診日に共済年金（公務員）	原則加入していた共済組合

❶ 街角の年金相談センターとは？

　日本年金機構から委託を受け、全国社会保険労務士会連合会が運営している相談センターです。年金事務所や市区町村役場同様、**相談から書類の受付まで無料で対応**してくれます。

> 街角の年金相談センター一覧
> **全国社会保険労務士会連合会ホームページから、各地の所在地が確認できる**
> https://www.shakaihokenroumushi.jp/consult/tabid/218/Default.aspx

❷ 年金事務所に相談に行くときは

　年金事務所に行くときは、**事前に電話で予約を入れてから**行きましょう。予約をしないで行くと、当日の混み具合によっては、窓口まで足を運んでも、当日の相談を受けつけてもらえないこともあります。

　予約の際には年金番号を聞かれるので、準備しておきましょう（年金番号がわからない場合でも相談できます）当日何を持って行ったらいいか、事前に確認しておきましょう。

本人以外の人が相談に行くときは、家族でも委任状が必要です。委任状は年金機構のホームページから入手できます(下図参照)。

● 年金事務所・街角の年金相談センター用委任状サンプル

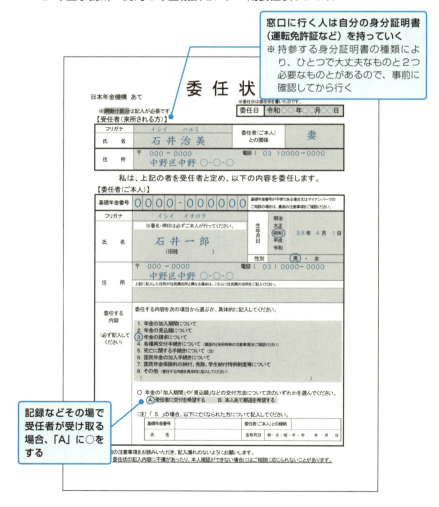

❻ 保険料の納付要件は必ず事前に確認しよう

初診日の見当がついたら、年金の加入歴・保険料の納付状況を確認します。**納付要件を満たしていないと受給できないので、書類を整備しはじめる前に必ず確認**しましょう。

保険料の納付状況は「ねんきん定期便」や「ねんきんネット」でも見ることができますが、保険料を実際に納付した日付までは確認できません。

第2章で説明したとおり、**納付要件を確認する際には「初診日の前日時点で、初診日のある月の前々月まで」の保険料納付状況を見ます**（ 53頁参照 ）。そのため、実際の納付日も把握している窓口で確認 73頁参照 します。**加入歴・納付記録については、プリントアウトしたものをもらう**ようにします。

❼ 書類を入手しよう

保険料の納付要件が確認できたら、障害年金を請求するために必要な書類を入手します。初診日を証明する書類や診断書など、準備する書類はみんな一律ではないので、不備のないように、**窓口 73頁参照 で相談したうえで、必要な書類をもらいます。**

相談先の窓口によっては、医療機関から初診日の証明書類を先にもらわないと、診断書などそのほかの書類を渡していないところもあります（初診日が変わることで年金請求先や準備する書類が異なってくるケースがあるため）。71頁の図は一般的な流れとして紹介していますが、手順が異なることがあるので、相談先の助言を受けながら進めます。

● 診断書は8種類

診断書は部位別に8種類あります。**診断書は障害がどこにあるか、どこに1番つらい症状があるかで選びます。**傷病名で選んだ診断書で

は、その症状を伝えるのに不十分なこともあるので、**窓口では傷病名だけでなく、どのような症状があるかを伝えて、適した診断書をもらいましょう。**

各診断書の種類と主な傷病（病気やケガ）名	93頁参照
各診断書のチェックポイントについて	第4章参照
必要な診断書の枚数について	95頁参照

病院の相談室やソーシャルワーカーなどがサポートしてくれる医療機関もあるので、病院に相談してみるのもいいでしょう。

まとめ！

1. 準備する手順を把握し、まずは病歴・治療歴の整理からはじめる
2. 年金事務所や市区町村役場、街角の年金相談センターで相談ができる。相談に行く際は、整理した病歴などの情報をメモにまとめていくと、相談がスムーズ
3. 家族が相談に行く場合は、委任状が必要
4. 初診日の見当がついたら、書類の準備をはじめる前に必ず加入歴、保険料の納付状況を確認する
5. 申請に必要な書類は年金機構のホームページから印刷できるが、みんな一律ではないので、不備のないよう窓口で相談したうえで、必要な書類をもらう
6. 申請には医師の診断書が必要。障害年金を検討していることを医師にも相談しておく

[第3章] 障害年金の手続きの流れ

02 初診日の証明を準備しよう 「受診状況等証明書」を依頼しよう

Point
1. 初診日は自己申告だけでは認められない
2. カルテの保存義務期間5年をすぎていてもあきらめない
3. 知的障害で請求する場合は、療育手帳があればいい

初診日は自己申告だけでは認められない

障害年金を請求するのに1番重要なのは初診日です。**初診日は自己申告だけでは認められません。**

まずは、**初診日を証明する書類を準備**しましょう。いざ医療機関に証明書をもらってみると、記憶違いなどによって当初見当をつけていた初診日や初診の病院が変わることもあります。初診日が変わってしまうことで、受給要件の確認が再度必要になったり、障害認定日（障害の状態を確認する日）が変わってしまうケースもあるので、**証明書類を取得して「初診日を確定」させたうえで進めていきます。**

間違いなく初診日はこの日！　とわかっている場合（交通事故など）は、ほかの書類の取得と同時進行してもかまいません。

初診日の証明書類が必要ない人

次の人は、初診日の証明を用意する必要はありません。

❶ 知的障害で請求する人（「療育手帳」がある人）⇒ 知的障害は、年金請求をするうえでは「生まれつきの病気やケガ」とされてい

77

るため、たとえ大人になってから判明しても、療育手帳があれば20歳前傷病として扱われる

❷ 診断書を記載する医療機関・診療科と初診の医療機関・診療科が一緒の人 ⇒ 診断書に初診日を記載する項番があるため不要。ただし、同じ医療機関でも、診療科が違う場合は、初診日の証明書類が必要になる

初診日の証明方法は20歳前と20歳以降で変わる

　20歳前傷病の人と20歳以降の傷病の人とでは、初診日の証明方法が細かいところで違ってきます。自分がどちらに該当するか確認してから進めましょう。

● 20歳前傷病の場合

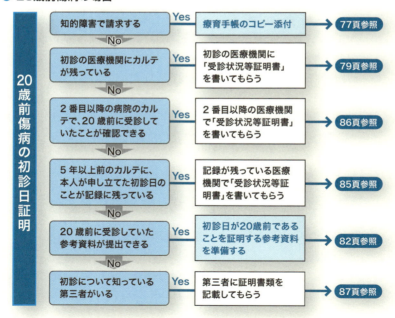

● 初診日の証明方法（20歳以降の傷病）

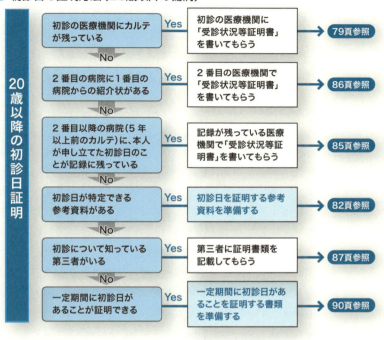

初診日の証明書類「受診状況等証明書」を依頼する

　初診日を証明する書類として、年金機構定型の書式があります。それが「受診状況等証明書」です。初診の医療機関にこの書類を書いてもらうことができれば、それを初診日証明として提出します。

> **かかりつけ医で、違う病気やケガが判明したとき**
> なかには、何年も前から通っているかかりつけ医で、これまでの受診とまったく関係のない病気が判明することがある。たとえば、腰痛で継続的に通院している病院で、レントゲン検査で腎臓の病気が見つかった場合。そんなときは、「その病院の初診日」ではなく、請

求する病気やケガの初期症状を受診した日や、検査によってその病気やケガが疑われたなら、その経緯や検査日を記入してもらう必要がある。書類をただ渡すのではなく、請求する傷病（病気やケガ）名とその初診日の証明が必要であることを伝え、受診の事実について、カルテに基づいて具体的な日付を含めた経過がわかるように書いてもらう

5年すぎていてもあきらめずに初診の病院をあたる

「受診状況等証明書」はカルテなどの医療機関の記録に基づいて書いてもらいます。カルテは、法律上、診療が終了（終診）してから5年しか保存の義務はありませんが、**必ずしもすべての医療機関が終診から5年で廃棄するわけではありません**。初診日が5年以上前だから「カルテはないだろう」と思い込んで確認せずに、次の病院から準備を進める人がいますが、確認してみると**小さなクリニックなど古いカルテをとってある病院も少なくありません**。また**電子カルテになり、データが何年も残っている場合もあります**。

何年も前だからとあきらめずに、まずは初診の医療機関をあたってみましょう。また「カルテがない」と言われても、「障害年金を請求するために証明が必要であること」を説明し、**入院記録やMRIなど検査画像記録などがないか、パソコンなどにデータが残っていないか、どこか倉庫に保管されていないか、こちらから尋ねてみましょう**。

医療機関も忙しいので、忙しそうな時間帯を避け、簡潔に要件を伝えるなど、依頼する際にはなるべく医療機関側の負担のないように、配慮することも忘れないようにします。

● 受診状況等証明書サンプル

> 現在の傷病（請求する傷病名）と違っていても関連があればOK

> 前医からの紹介状があれば、前医の証明を取得する

> この書類を医療機関に書いてもらっても、何にもとづいて記載されたか、また記載内容などによっては、初診日の証明と認められないこともある

年金等の請求用

障害年金等の請求を行うとき、その障害の原因又は誘因となった傷病で初めて受診した医療機関の初診日を明らかにすることが必要です。そのために使用する証明書です。

受 診 状 況 等 証 明 書

① 氏　　　　名　　　石井一郎
② 傷　病　名　　　体重減少
③ 発 病 年 月 日　　昭和・㊉平成・令和 〇〇 年 〇〇 月 〇〇 日
④ 傷病の原因又は誘因　　不明
⑤ 発病から初診までの経過

　　前医からの紹介状はありますか。⇒　有　㊉無　（有の場合はコピーの添付をお願いします。）

　　平成〇〇年〇〇月ごろから口渇、食欲低下を自覚、体重減少を主訴
　　に来院。

※診療録に前医受診の記載がある場合　　1　初診時の診療録より記載したものです。
　右の該当する番号に〇印をつけてください　　2　昭和・平成・令和　　年　　月　　日の診療録より記載したものです。

⑥ 初診年月日　昭和・㊉平成・令和 〇〇 年 〇〇 月 〇〇 日
⑦ 終診年月日　昭和・㊉平成・令和 〇〇 年 〇〇 月 〇〇 日
⑧ 終診時の転帰（治癒・㊉転医・中止）
⑨ 初診から終診までの治療内容及び経過の概要

　　平成〇〇年〇〇月〇〇日、初診。腹部CT検査異常所見なし。
　　血糖値高く精査のため、中新井総合病院へ紹介。

⑩ 次の該当する番号（1～4）に〇印をつけてください。
　　複数に〇をつけた場合は、それぞれに基づく記載内容の範囲がわかるように余白に記載してください。
　　上記の記載は　㊉1　診療録より記載したものです。
　　　　　　　　　2　受診受付簿、入院記録より記載したものです。
　　　　　　　　　3　その他（　　　　　　　　　　　　）より記載したものです。
　　　　　　　　　4　昭和・平成・令和　　年　　月　　日の本人の申し立てによるものです。

⑪ 令和 〇〇 年 〇〇 月 〇〇 日
　　医療機関名　さくらい総合クリニック　診療担当科名　内科
　　所 在 地　　中野区白鷺 〇-〇-〇　医師氏名　さくらい　まさみ

（提出先）日本年金機構　　　　　　　　　　　　　　　　　　（裏面もご覧ください。）

[第3章] 障害年金の手続きの流れ

03 初診日の証明がもらえないとき❶「受診状況等証明書が添付できない申立書」の提出

Point
1. 「受診状況等証明書が添付できない申立書」を提出する
2. この書類で初診日が認められるわけではない
3. 医療機関の証明がないときは、客観的に証明できるものを探す

初診日の証明がもらえないとき

カルテが破棄されているなどの理由で、初診の医療機関で証明がもらえないことも珍しくありません。そのような場合は、「受診状況等証明書が添付できない申立書」を作成し、違う方法で証明書類を準備していくことになります。

「受診状況等証明書が添付できない申立書」とは

初診の病院で定型書式の「受診状況等証明書」がもらえなかった、と申し立てる書類で、本人もしくは家族・代理人が書きます。

医療機関名や受診期間などを書きますが、**この書類で受診の証明になるわけではありません**。そのため、**初診日を客観的に証明する参考資料を探す**必要があります。

初診の証明として添付する参考資料の例

☐ 身体障害者手帳・療育手帳・精神障害者保健福祉手帳
☐ 身体障害者手帳などの申請時の診断書
☐ 生命保険・損害保険・労災保険の給付申請時の診断書

● 受診状況等証明書が添付できない申立書サンプル

> 初診の医療機関の証明「受診状況等証明書」がもらえないことを自ら申し立てる

> 受診期間の記憶が定かでないときは「〇〇年〇月ごろ」など、覚えている範囲で書く

受診状況等証明書が添付できない申立書

- 傷 病 名　うつ病
- 医療機関名　さくらい総合クリニック
- 医療機関の所在地　中野区白鷺 〇-〇-〇
- 受 診 期 間　昭和・(平成)・令和 〇〇年〇〇月〇〇日 ～ 昭和・(平成)・令和 〇〇年〇〇月〇〇日

上記医療機関の受診状況等証明書が添付できない理由をどのように確認しましたか。
次の＜添付できない理由＞と＜確認方法＞の該当する□に✓をつけ、＜確認年月日＞に確認した日付を記入してください。
その他の□に✓をつけた場合は、具体的な添付できない理由や確認方法も記入してください。

＜添付できない理由＞　　　　　　　＜確認年月日＞　平成・(令和) 〇〇 年 〇〇 月 〇〇 日
- ☑ カルテ等の診療録が残っていないため
- □ 廃業しているため
- □ その他

＜確認方法＞　☑ 電話　□ 訪問　□ その他（　　）

> 添付できない理由と確認方法をチェックする

上記医療機関の受診状況などが確認できる参考資料をお持ちですか。
お持ちの場合は、次の該当するものすべての□に✓をつけて、そのコピーを添付してください。
お持ちでない場合は、「添付できる参考資料は何もない」の□に✓をつけてください。

- □ 身体障害者手帳・療育手帳・精神障害者保健福祉手帳
- □ 身体障害者手帳等の申請時の診断書
- □ 生命保険・損害保険・労災保険の給付申請時の診断書
- □ 事業所等の健康診断の記録
- □ 母子健康手帳
- □ 健康保険の給付記録（レセプトも含む）
- ☑ お薬手帳・糖尿病手帳・領収書・診察券（可能な限り診察日や診療科が分かるもの）
- □ 小学校・中学校等の健康診断の記録や成績通知表
- □ 盲学校・ろう学校の在学証明・卒業証書
- □ 第三者証明
- □ その他（　　　　）
- □ 添付できる参考資料は何もない

上記のとおり相違ないことを申し立てます。

令和 〇〇 年 〇〇 月 〇〇 日

請求者　住　所　練馬区桜台 〇-〇-〇
　　　　氏　名　吉永百合子　　※本人自らが署名する場合押印は不要です。

代筆者氏名 _____　請求者との続柄 _____

（提出先）日本年金機構　　　　　　　　　　（裏面もご覧ください）

> 可能なかぎり、参考資料を探して添付する。何もない場合は、「添付する参考資料は何もない」にチェックする

- ☐ 事業所などの健康診断の記録
- ☐ 母子健康手帳
- ☐ 健康保険の給付記録（レセプトなど）
- ☐ お薬手帳・糖尿病手帳
- ☐ 領収書
- ☐ 診察券
- ☐ 小学校・中学校などの健康診断の記録や 成績通知表
- ☐ 盲学校・ろう学校の在学証明・卒業証書
- ☐ 第三者証明 87頁参照

　ただし、これらの資料を添付すれば必ず認められるというわけではありません。たとえば最近の総合病院の診察券では、どこの科をいつ受診したかまではわかりません。そのような診察券だけでは初診日は認められにくいです。

単体では認められなくても、2つ以上提出することで認められたり、第三者証明 87頁参照 と一緒に提出したりすることで、証明となる場合もあります。何かないか、根気よく探してみましょう。

まとめ！

❶ カルテがないときは、「受診状況等証明書が添付できない申立書」に本人が記載する
❷ 古い病院から確認していき、「受診状況等証明書」がもらえるまで病院ごとに記載しなければならない
❸ 「受診状況等証明書が添付できない申立書」だけでは初診日は認められない
❹ 可能なかぎり受診を証明できる参考資料を添付する

[第3章] 障害年金の手続きの流れ

04 初診日の証明がもらえないとき❷ 「2番目以降の医療機関」で証明してもらう方法

Point
1. 2番目の病院に紹介状が残っていないか確認する
2. 20歳前傷病の場合は、20歳前に受診していた証明ができればいい
3. 5年以上前に記録されたカルテの内容は認められる可能性あり

2番目以降の医療機関で証明してもらおう

初診の医療機関で受診状況等証明書がもらえなかったら、2番目以降の病院に問いあわせしてみましょう。初診日を特定できる証明をもらえることがあります。

● 2番目以降の医療機関で証明してもらうしくみ

Ⓐ 最初に行った病院　Ⓑ 2番目に行った病院　Ⓒ 現在の病院　請求日

カルテなし

カルテあり

5年以上前に作成されたカルテにⒶ病院の初診日について、本人が話した記録が残っている

5年以上前

❶ 20歳前に受診していた記録がカルテで確認できる場合

　20歳前傷病による請求であれば、初診の医療機関で証明がもらえなくても、**2番目以降の医療機関のカルテに20歳前の受診記録が残っていれば、それが初診日の証明として認められます。**

　20歳前に初診がある場合は、保険料納付要件が問われず給付内容が単一であるため、20歳前から受診していたことが確認できれば大丈夫です（20歳前に厚生年金加入期間がない人にかぎられる）。

　この場合、**20歳前の受診記録が残っている医療機関に「受診状況等証明書」**を記載してもらいます。

❷ 5年以上前のカルテに本人が話した初診の時期について記録がある場合

　その病院をはじめて受診する場合、「いつごろからその症状があるのか」聞かれます。その際、これまでの治療歴や通院歴があれば、その旨を伝えているはずです。**医師が本人から聞いたそのことを記録し、カルテに残っていることがあります。その記録が、年金を請求する時点から5年以上前に作成されたものであれば、信憑性のある証明として認められます。**

　その記録が残っている病院で、その旨を「受診状況等証明書」に書いてもらいましょう。**カルテのコピーをもらうことができたら添付**します。

紹介状が残っていないか

2番目の病院に、1番目の病院からの紹介状を提出していることがある。2番目の病院にその紹介状が残っていて、1番目の病院の初診日が特定できれば、それが初診日の証明になる。この場合は、2番目の医療機関で「受診状況等証明書」を書いてもらい、「紹介状のコピー」をもらって添付する

[第 3 章] 障害年金の手続きの流れ

05 初診日の証明がもらえないとき③ 「初診日に関する第三者からの申立書」で証明する方法

Point
1. 初診のころの状況を知っている人に証明してもらう
2. 原則複数人からの申立が必要
3. 3親等以内の親族の証明は原則認められない

第三者証明とは？

初診日を証明できる書類、客観的なものが準備できない場合、**過去の受診について事実を知っている第三者に証明してもらう方法**があります。

初診のころの受診について知っている第三者に、「初診日に関する第三者からの申立書」を書いてもらい提出します。

これまでの参考資料同様、**提出すれば必ず認められるわけではありません**。初診日を推定する参考資料として、そのほかの提出資料との整合性や医学的判断などにより信憑性を確認されます。**「初診日に関する第三者からの申立書」だけでは認められなくても、ほかの参考資料と一緒に提出することで認められるケースもあります。**

審査のうえ、認められればその**申立日が初診日**になります。

第三者証明の注意点

❶「証明する」人

次頁の人たちが第三者となります。

> ❶ 親戚（三親等以内の親族以外）
> ❷ 知人、上司、民生委員、学生時代の先生、医療従事者など
> ❸ 初診のころの受診について実際に把握している人

❷「該当する」申立

　該当するとは、言い換えれば、「❶の証明する人（第三者）が、過去の受診について事実を知っている理由」があるということです。次のいずれかに該当している必要があります。

> ❶ 初診日ごろの受診状況（または20歳前の受診状況）を直接見て認識している場合
> ❷ 請求者やその家族などから、初診日当時（または20歳前の時期）に初診日ごろの受診状況を聞いていた場合
> ❸ 請求者やその家族などから、請求時からおおむね5年以上前に、初診日ごろの受診状況（または20歳前の受診状況）を聞いていた場合

❸ 必要な枚数と参考資料の有無

「20歳前傷病」と「20歳以降の傷病」で取り扱いが異なります。

	必要な第三者 証明の数	参考資料	医療従事者の 証明の場合
20歳前傷病	複数（原則2人からの証明が必要）	不要（第三者証明だけで認められる）	1枚でいい
20歳以降傷病	複数（原則2人からの証明が必要）	必要※（そのほかの参考資料も必要）	1枚でいい

※ 20歳以降の傷病の場合、医療従事者以外の第三者証明だけでは原則認められない。そのほかの参考資料とあわせることで認められる。

● 初診日に関する第三者からの申立書（第三者証明）サンプル

<blockquote>初診日のころの受診について、当時の状況を直接見て知っていたのか、聞いて知っていたのか、あてはまるほうに〇をつける。聞いていた場合は、聞いた時期を書く</blockquote>

<blockquote>初診日のころの受診について、傷病（病気やケガ）名や医療機関名など、申立者が当時見たり聞いたりして知っていた内容を書く。書けない項目は空欄のままでかまわない</blockquote>

初診日に関する第三者からの申立書（第三者証明）

私（申立者）は、障害年金の請求者　**黒木浩一**　の初診日頃の受診状況を知っていますので、以下申し立てます。

知ったきっかけ
私（申立者）が申し立てる請求者の受診状況などは、
① 直接見て知りました。
2. 請求者や請求者の家族などから聞いて知りました。
　なお、聞いた時期は（昭和・平成・令和　　年　　月　　日）（頃）です。

請求者との関係
見た（聞いた）当時の関係：**小学校の担任**　　現在の関係：＿＿＿＿＿＿＿

○傷病名：**てんかん**　　　　　○初診日：昭和・㊥成・令和　○○年○○月○○日（頃）

○医療機関名・診療科：＿＿＿＿＿＿＿＿　○所在地：＿＿＿＿＿＿＿

申立者が知っている当時の状況等
※記入いただく内容は、別紙「初診日に関する第三者からの申立書（第三者証明）を記入される方へ」の「裏面」をご覧ください。申立者が見たり聞いたりした当時に知った内容のみを記入してください。記入できない項目があっても構いません。

<blockquote>下記について当時知った内容のみを具体的に書いててもらう
❶ 初診日のころの受診状況をどのように知ったのか、知り得た状況について
❷ 病気やケガが発生してから、医療機関にかかるまでの症状や経過
❸ 医療機関を受診したきっかけ・理由
❹ 初診日のころの日常生活について（病気やケガによる生活上の支障について）
❺ 医師から受けていた療養の指示や注意など、受診時の状況（すべてについて書けなくてもかまわないので、当時見たり聞いたりして知っている内容のみを書く）</blockquote>

【申立日】令和○○年○○月○○日
＜申立者＞
住　所：〒000-0000　**千代田区飯田橋○-○-○**
連絡先：03（0000）0000　氏　名：**柴崎奈緒美**

※ 訂正する場合は、二重線で消した上で訂正印を押印してください。
※ 後日、申立者あてに申立内容の確認をさせていただく場合がございます。平日日中でもご連絡が可能な電話番号を記入してください。
※ ご記入いただいた個人情報は、独立行政法人等の保有する個人情報の保護に関する法律に基づき適切に取り扱われます。

201905

[第３章] 障害年金の手続きの流れ

06 初診日の証明がもらえないとき④「一定期間に初診日があること」で証明する方法

Point
1. 初診日を特定できなくても認められるケースがある
2. 一定の期間内に初診日があることを証明する
3. 一定期間のどの時点でも保険料納付要件をクリアしていること

一定期間に初診日があることを証明できる場合

初診日を具体的に特定できなくても、**一定期間内に初診日があると確認できれば、一定の条件のもとで請求者が申し立てた日が初診日と認定される**こともあります。

一定期間内の初診日証明とは？

「**一定期間のはじまりの資料**」と「**一定期間のおわりの資料**」を提出し、一定期間内に初診日があることを証明します。

その確認できる一定期間内において、**同一の年金制度に加入し、期間内のどの時点でも保険料納付要件を満たしていれば、日付まで証明できなくても、本人が申し立てた日が初診日と認められます**（次頁図 `CASE ❶` ）。

また、その一定期間中、**異なる年金制度に加入していた場合でも、継続的に加入していて、期間内のどの時点でも保険料納付要件を満たしていれば、そのほかの参考資料とあわせて、本人が申し立てた日を初診日と認められます**（次頁図 `CASE ❷` ）。

はじまりのころの証明	この期間内に初診日があるけれど、日にちまで証明できるものがない	おわりのころの証明
発病していなかったことを証明するもの ・健康診断の結果 ・人間ドックの結果 など	 一定期間	**受診（治療）していた事実を証明するもの** ・2番目以降の受診証明 ・障害者手帳の交付時期に関する資料 など

CASE ❶ この一定期間すべて同一の年金制度に加入し、期間内のどの時点でも保険料納付要件を満たしていれば、日付まで証明できなくても、本人の申し立てた日を初診日と認める

CASE ❷ この一定期間中、異なる年金制度に加入していた場合でも、継続的に年金制度に加入していて、期間内のどの時点でも保険料納付要件を満たしていれば、そのほかの参考資料とあわせて、本人が申し立てた日を初診日と認める

まとめ！

❶ 初診日の証明ができないと障害の程度を審査してもらえない。初診の病院にカルテが残っていなくても、あきらめずに資料を探す
❷ 20歳前に初診日がある場合は年金が単一的なため、20歳前に受診していた証明があれば請求できる
❸ 迷ったり悩んだりしたら、ひとりで判断せず、年金事務所や市区町村役場、社会保険労務士などに相談する

[第3章] 障害年金の手続きの流れ

07 「診断書」を医師に依頼しよう

Point
① 診断書は8種類、1番適した診断書を選ぶ
② いつの時点の診断書が必要か確認する
③ 医師に症状・日常生活状況を正確に伝える

診断書は症状を1番適切に伝えられるものを選ぶ

障害の状態を審査するために提出する診断書は、「年金機構定型の診断書」です。診断書は次頁表のように、部位別に8種類あります。**市区町村役場や年金事務所などで相談したときに、病気やケガの名や症状（どの部位に1番つらい症状が出ているかなど）を伝えると、該当する診断書を準備してくれます。**

まれに病気やケガの名で選んだ診断書では、その症状を伝えるのに不十分な場合もあります。たとえば、がんで障害年金を請求するときは「その他の診断書」を使うケースが多いのですが、肺がんで肺機能に異常がある場合、人によっては呼吸器の診断書のほうがより明確に障害状態が伝わることもあるわけです。

また、**ひとつの病気やケガで症状が多岐にわたる場合、複数の診断書を提出することもあります**（必ずしもたくさんの診断書を提出すれば有利ということではありません）。

● **年金機構定型の診断書は8種類**

診断書の種類	主な傷病名
❶ 眼の障害用（様式第120号の1）	白内障、緑内障、網膜色素変性症、ブドウ膜炎、糖尿病性網膜症、眼球萎縮、視神経萎縮、視野障害　など
❷ 聴覚・鼻腔機能・平衡感覚・そしゃく、嚥下・言語機能の障害用（様式第120号の2）	突発性難聴、感音性難聴、メニエール病、咽頭摘出、喉頭がん、脳血管疾患後の言語障害、失語症　など
❸ 肢体の障害用（様式第120号の3）	交通事故、脊髄損傷、上肢下肢の切断、外傷性運動障害、脳梗塞、脳出血、関節リウマチ、人工関節、多発性硬化症、ポリオ、脳性麻痺、進行性筋ジストロフィー、脳脊髄液減少症、線維筋痛症、多系統萎縮症
❹ 精神の障害用（様式第120号の4）	知的障害、発達障害、統合失調症、うつ病、躁うつ病、高次脳機能障害、てんかん、老年および初老期認知症　など
❺ 呼吸器疾患の障害用（様式第120号の5）	気管支喘息、慢性気管支炎、間質性肺炎、肺気腫、じん肺、肺結核　など
❻ 循環器疾患の障害用（様式第120号の6-1）	ペースメーカー、人工弁装着、狭心症、心筋梗塞、大動脈弁狭窄症、拡張型心筋症、ICD（植え込み型除細動器）など
❼ 腎疾患・肝疾患・糖尿病の障害用（様式第120号の6-2）	慢性腎不全、多発性嚢胞腎、ネフローゼ症候群、肝硬変、糖尿病　など
❽ 血液・造血器疾患、そのほかの障害用（様式第120号の7）	再生不良性貧血、がん（悪性新生物）、多発性骨髄腫、HIV、そのほか上記の診断書のどれにもあてはまらないとき

※ 各診断書の詳細は第4章参照。

医師に症状と日常生活状況を伝えよう

　障害年金は、その病気やケガによって、就労や日常生活にどの程度の支障があるかが審査の判断基準のひとつになります。

　日常生活の状況を、日ごろの短い診察時間の中で医師に伝えられていますか？

日常生活の様子まできちんと伝えきれていない場合は、いつどのような症状があるか、毎日どのように生活しているか、日常生活への支障について、医師に具体的に伝える努力をしましょう。

　口頭で伝えるのか、メモで渡すのか、どのように伝えればいいかは、あなたと医師との関係でケースバイケースになってしまいますが、後ほどお話しする**「病歴・就労状況等申立書」 98頁参照 を先に作成し、診断書に添付して依頼する**のもひとつの方法です。

　転医が多くこれまでの治療歴などを把握していない医師であれば、これまでの経緯も一緒に確認してもらうことができますし、現在の日常生活の様子を詳細に記載すれば、日常生活の状況を伝えることもできます。

いつの診断書を書いてもらうの？

　診断書には「現症日」を書く個所があります。**現症日とは、その障害の状態がいつの時点のものなのか、いつのカルテに基づいて書かれたものなのかを表す日付**です。

　いつの時点の診断書を提出するかは、いつの障害の状態を審査してもらうのかで変わってきます。

　第2章で確認した3つの請求方法（認定日請求・事後重症請求・遡及請求）によって、次頁の表のように決まっているので注意してください。現在の時期とずれた時期の診断書が必要なときは、医師に伝えておきましょう。

　なお、等級が決まっている傷病（人工透析・心臓ペースメーカー・人工肛門・在宅酸素など）の場合は、準備する診断書の時期や枚数が、次頁の表とは違う扱いになることもあるので、窓口 73頁参照 で相談のうえ進めてください。

● 3つの請求パターンと必要な診断書

	請求の時期	必要な診断書	
認定日請求	20歳前傷病で、20歳の誕生日前日が障害認定日の場合	1枚	障害認定日前3カ月から障害認定日以後3カ月の間の診断書
認定日請求	障害認定日（初診日から原則1年6カ月：例外あり）の時点で障害状態に該当しているとき ※障害認定日より1年以内に請求	1枚	障害認定日以後3カ月以内の診断書
事後重症請求	障害認定日のときには症状が軽く、その後障害状態に該当するようになったとき	1枚	請求日から、前3カ月以内の診断書
遡及請求	請求日が障害認定日を1年以上すぎてしまい、障害認定日にさかのぼって請求するとき	2枚	障害認定日以後3カ月以内の診断書 請求日から、前3カ月以内の診断書

● 認定日に受診していない場合、認定日請求、遡及(そきゅう)請求はできないか？

認定日請求するためには、原則、認定日以後3カ月以内の診断書が必要です。その期間に受診していない場合は、診断書を書いてもらうことができず、認定日請求は難しくなります。

例外として、次のようなケースで、病気やケガになった原因・治療の経過、病気やケガの特性、医学的観点などから、障害認定日時点の障害の状態が等級に該当すると明らかなら、認定日請求（**遡及請求**）が可能な場合もあります。

❶ 不可逆的な病気やケガの場合（肢体の切断、視野障害、人工肛門など）
❷ 「3カ月以内」ではなく、少しずれた時期の診断書が提出できる場合

　障害年金の審査、認定はケースバイケースです。例外的なケースは、社会保険労務士に相談してみましょう。

診断書を受け取ったら確認するべきこと

　病院から診断書を受け取ったら必ず記載内容を確認しましょう。**封筒に入って封がした状態で診断書を受け取る場合もありますが、依頼した本人が封を開けることは問題ありません**。ただし診断書を本人が見ることでショックなどを受けないようにするための配慮や、何かしらの理由があって封をしている場合があることも知っておきましょう。診断書を受け取ったら、とにかく次の4点を必ずチェックします。各診断書の詳しいチェックポイントは次の章で見ていきます。

診断書を受け取ったらココをチェック！
- [ ] 記入漏れ、間違いがないか？
- [ ] 現症日（その障害の状態がいつの時点のものなのか）は依頼した時期の日付になっているか？
- [ ] 傷病（病気やケガ）名、初診日など、自分が認識している日付とあっているか？

　記入漏れや間違いがあった場合は、医師に訂正をお願いします。
　また、自分が認識している内容と異なる部分があれば、医師に理由を尋ねましょう。**診断書は提出する前に必ずコピーをとっておきます。**

2枚に分かれた診断書を受け取ったときは

最近は、診断書をパソコンで作成する医療機関も増えています。表裏両面の書式になっている診断書を、1枚ずつ印刷して（表裏で2枚）を受け取った場合は、割印を押してもらったり、両方それぞれに医療機関名や医師名を入れてもらうと安心です。

知的障害で受診していなかったら、診断書は誰に？

知的障害は生来のものとされているため、通院していない人もいます。そうすると、障害年金の請求を考えるタイミングで「受診していなかったので、診断書を依頼できる病院がない」ということになります。
そんなときは、次のような方法で病院を探してみましょう。

- 市区町村役場に電話して、地域の病院を紹介してもらう
- 通っていた特別支援学校のつながりから病院を紹介してもらう
- 療育手帳の判定をしてもらった児童相談所などに電話して、その際に担当した医師を教えてもらう

電話をして事情を説明し、診断書を書いてもらえないか聞いてみましょう。診断書を書いてくれる医師が見つかったら、受診の際には、出生からこれまでの経緯や日常生活の様子をまとめていきましょう。
通知表や特別支援学校時代の記録、療育手帳の判定書など、何でもいいので、参考になりそうなものは持参して医師に見せましょう。

まとめ！

1. 障害の程度は、診断書でほぼ決まる
2. 診断書を依頼する際は、病気やケガによる自覚症状や日常生活への支障を、医師に正確に伝える
3. 請求する方法・時期によって、いつの時点の診断書が何枚必要なのか変わってくる
4. 診断書を受け取ったらそのまま提出せず、必ず内容を確認する。提出前には忘れずにコピーをとっておく

[第3章] 障害年金の手続きの流れ

08 「病歴・就労状況等申立書」を作成しよう

Point
① 病歴・就労状況等申立書は自分や家族、代理人が作成する
② 自分の言葉で申し立てることができる大切な書類
③ 発病からこれまでの状況をわかりやすくまとめる

日常生活への支障を自分の言葉で簡潔にまとめよう

　申請時、必ず提出しなければならない年金機構所定の書類で、「病歴・就労状況等申立書」があります。この書類は、**自分（家族や代理人が代筆することも可能）で、発病から現在までの病歴・通院歴・就労状況、日常生活の様子などをまとめたもの**です。

　自分で請求する場合、多くの人がこの書類の書き方に頭を悩ませます。医学的なことや、難しい言葉を使って書く必要はありません。
　これまでの治療歴や診断書では伝わらない日常生活の状況を記載しましょう。唯一自分のことを伝えられるものなので、たくさんのことを記載したくなると思いますが、読み手に伝わりやすいよう、簡潔に端的にまとめることを意識しましょう。

パソコンで作成することもできる

　窓口でもらう書式はA3サイズの両面式ですが、パソコンで作成することも可能です。病歴・就労状況等申立書をパソコンで作成したい場合は、**年金機構のホームページからPDFかExcelの書式がダウンロードできます**。パソコンであれば、追記や修正が簡単にできるので便利です。

「病歴・就労状況等申立書」の書き方

発病から現在まで、時系列に期間を区切って記載します。日常生活の状況が、認定側にイメージしてもらえるように記載します。**具体的なエピソードを記載してもよいでしょう。**

診断書で伝えきれていないことがあれば、それを補足しましょう。

記載すること	具体的な内容
❶病歴・治療歴	自覚症状、体調、通院頻度（回数）、入院があればその期間、治療内容、医師からの指導　など
❷就労について	仕事に支障はなかったか、休職していた場合はその期間。周囲からサポートを受けて就労している場合はサポートの内容。病気やケガの影響で退職した場合や勤務形態の変更があればその事実　など ※主婦であれば、家事や育児についての支障を申し立てる
❸日常生活の状況	その病気やケガ、治療による症状。それによって日常生活にどのような支障があるか。家族や周囲の援助を受けている場合はその内容

記載時の注意点

- 通院してなかった期間や生活に支障がなかった期間についても記載し、間を空けないようにする。通院していない期間については、その理由を書く。治っていたのであれば、その間の就労状況・日常生活について記載する
- 発達障害の場合は、受診していなくても出生時から記載する
- 再発時、複数の病気やケガの因果関係の確認が必要になった場合、初診日を特定するのに記載内容が重要な判断材料になるので、事実をしっかり記載する
- 受診状況等証明書（初診日証明）や診断書との整合性も確認する

● **病歴・就労状況等申立書（表）サンプル**

> 診断書の傷病（病気やケガ）名を記入する

> 複数枚にわたる場合は、順番と枚数を記入する

病歴・就労状況等申立書

No. － 枚中

（請求する病気やけがが複数ある場合は、それぞれ用紙を分けて記入してください。）

病歴状況	傷病名	胃がん						
発病日	昭和・平成・令和	30 年	3 月 頃 日	初診日	昭和・平成・令和	30 年	4 月	15 日

> 発病日は自覚症状が現れた日を記入する。「○○年○○月ごろ」でもかまわない。わからない場合は、「不詳」と記入する

記入するときに関してください。

‥‥‥‥たときから現在までの経過を年月順に期間をあけずに記入してください。

‥‥‥‥経過、医師から指示された事項、転院・受診中止の理由、日常生活状況、

‥‥‥‥日常生活状況、就労状況などについて具体的に記入してください。

‥‥‥‥掲されたことも記入してください。

‥‥‥‥期間受診していなかった場合、発病から初診までが長期間の場合は、その

期間を3年から5年ごとに区切って記入してください。

		左の期間の状況
1	昭和・平成・令和 30 年 3 月 頃 日 から 昭和・平成・令和 30 年 4 月 23 日まで 受診した・受診していない 医療機関名 ○○内科病院	・平成 30 年 3 月ごろから腹痛を感じるようになる。しばらく、市販の痛み止めを飲み様子をみていた。 ・吐き気も感じるようになったので、心配になり平成 30 年 4 月 15 日、近所の○○内科病院を受診する。 ・1 週間後、検査結果から胃癌の可能性を指摘され、大きな病院を受診するよう指示があり、さくらい総合病院に紹介状を書いてもらった。
2	昭和・平成・令和 30 年 4 月 24 日から 昭和・平成・令和 30 年 10 月 31 日まで 受診した・受診していない 医療機関名 ○○総合病院	・平成 30 年 4 月 24 日、さくらい総合病院を受診する。精査の結果、胃がんの確定診断を受ける。 ・平成 30 年 5 月 27 日、胃の摘出手術を受ける（入院 5 月 27 日～ 6 月 18 日）。 ・退院後はダンピング症状がひどく、術後の後遺症で腸閉塞にも苦しんだ。 ・会社（上司）と相談し、仕事は休職した。
3	昭和・平成・令和 30 年 11 月 1 日から 昭和・平成・令和 1 年 10 月 31 日まで 受診した・受診していない 医療機関名 ○○総合病院	・通院にて抗がん剤治療は継続した（通院：1 回 /2 週間）。寝てすごすことが多く、日常生活もひとりではままならなかった。指先の感覚がなく、ボタンをかける、薬を出すなど、日常生活の小さな動作もひとりではできなかった。 ・令和 1 年 6 月、左頸部リンパ節転移がみつかり、手術する。リンパ節手術のあとは、腕の痛みにも苦しめられた。 ・体調がすぐれず、仕事は休職せざるを得なかった（平成 30 年 4 月から令和 1 年 10 月まで休職した）。
4	昭和・平成・令和 1 年 11 月 1 日から 昭和・平成・令和 2 年 1 月 31 日まで 受診した・受診していない 医療機関名 ○○総合病院	・休職の期間が満了になり、令和 1 年 11 月、職場に復帰した。 ・体力の低下があり、主治医より営業の仕事は無理だと言われ、会社の配慮で事務の仕事に変更してもらう。 ・通院にて化学療法は継続した（通院：1 回／ 2 週間）。 ・手先を使う細かい作業に不便があったが、周囲の協力もあり、なんとか自分のペースで仕事を続けることができた。
5	昭和・平成・令和 2 年 2 月 1 日から 昭和・平成・令和 現在 月 日まで 受診した・受診していない 医療機関名 ○○総合病院	・通院治療は継続（通院：1 回／ 2 週間）。通院は妻に付き添ってもらっている。抗がん剤が変わり、治療後数日は倦怠感が著しく、体が思うように動かない。 ・令和 3 年 1 月、会社の上司・産業医と面談。治療を優先させることになり、退職した。 ・何をするにも以前より時間がかかり、体調が悪いときは横になってすごす。通院以外はほとんど外出せず、妻の援助なしでは日常生活をすごせない。

※裏面（署名欄）も記入してください。

> 治療歴・日常生活状況について、発病から現在まで、時系列に期間を区切って記入する。通院がない期間、生活に支障がない期間についても、間を空けずに記載する。ひとつの期間が、5年を超える場合は、その期間を3～5年ごとに区切って記入する

> パソコンで作成することもできる（日本年金機構のホームページから書式がダウンロードできる）

100

● 病歴・就労状況等申立書（裏）サンプル

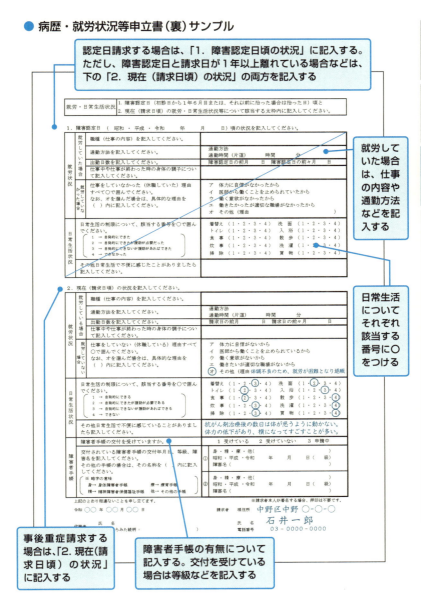

補足資料を提出することもできる

　障害年金を請求するにあたり、**請求側の判断で、審査の参考にしてもらいたい資料や文書を提出することができます**。認定に関わる重要な事項について、年金機構の所定の書式だけでは伝わらない心配や不安があるときは、参考となる資料や任意の書類（形式自由）を提出しましょう。

　あくまでも補足資料なので、たくさん提出すればいいというわけではありません。必要に応じて準備するようにします。

補足として提出する書類の例

・医学書のコピー　　　　　　　　・検査数値の結果票
・障害者手帳申請時の診断書　　　・お薬手帳のコピー
・就労に関わる職場上司に意見書　・医師の意見書　　など

病歴・就労状況等申立書も
提出する前に必ず
コピーをとっておきましょう。

まとめ！

❶ 病歴・就労状況等申立書で、診断書では伝わらない日常生活の状況を補足する
❷ 読み手に伝わりやすいように、わかりやすく簡潔に記載する
❸ 病歴・就労状況等申立書は診断書との整合性を確認する

[第3章] 障害年金の手続きの流れ

09 状況に応じて必要な提出書類を確認しよう

> Point
> ❶ 初診日が特定しづらい病気やケガは「調査票」
> ❷ 遡及請求するときは「請求事由確認書」
> ❸ 5年以上さかのぼって請求するときは「年金裁定請求遅延に関する申立書」
> ❹ 障害の原因が第三者によるものであるときは「第三者行為事故状況届」

初診日が特定しづらい病気やケガには調査票がある

初診日が特定しづらい病気やケガで請求する場合、「障害年金の初診日に関する調査票」の提出を求められることがあります。調査票は次の8種類です。

初診日に関する調査票 8 種類

- 心臓の病気用
- 腎臓・膀胱の病気用
- 糖尿病用　105 頁参照
- 先天性障害 [耳用]
- 肺の病気用　106 頁参照
- 肝臓の病気用
- 先天性股関節疾患用
- 先天性障害 [眼用]

調査票は、「自覚症状をはじめて感じたのはいつか」「健康診断で指摘されたことはあるか」といった質問に答える形式になっています。**調査票の目的は、「初診日がいつか」「本人が申し立てている初診日の判断が妥当か」を確認するためのもの**です。上記の病気やケガだからといって、必ず提出しなければならないということではありません。

103

請求の段階で、窓口で提出を求められることもあれば、請求後しばらくして審査の段階で提出するように連絡がくることもあります。

遡及請求するときは、「請求事由確認書」

「請求事由確認書」 107頁参照 は、遡及請求するときに提出します。審査の結果、障害認定日の時点が不支給になっても、現在の症状は等級に該当すると判断された場合、「事後重症請求」に切り替えるときに提出します。この書類を提出しても、認定日時点の不支給決定に対し、不服の申立はできます。

5年以上さかのぼって請求するとき

5年以上さかのぼって遡及請求するときに「年金裁定請求遅延に関する申立書」 107頁参照 を提出します。認定日時点にさかのぼって認定された場合でも、「5年より前の分は受給できないことを理解しています」という申立書です。年金裁定請求遅延に関する申立書を出さなかったとしても、5年以上前の分は時効なので受給できません。

障害の原因が第三者の行為によるものであるとき

障害の原因が第三者の行為によるものであるとき（交通事故など）、「第三者行為事故状況届」 108頁参照 を提出します。第三者から損害賠償を受ける場合は、障害年金は一定のルールで調整されるためです。そのほか、事故証明書や賠償金額が確認できる書類の提出を求められます。

まとめ！

❶ 個人の状況に応じて提出しなければならない書類もあるので、窓口で確認する
❷ 不備があったときに窓口で対応できるよう、印鑑を忘れずに持っていく
❸ 書類の目的がわからないときは、窓口で確認する

● 障害年金の初診日に関する調査票【糖尿病用】サンプル

障害年金の初診日に関する調査票【糖尿病用】

本調査票は、初診日を審査する際の資料となるものです。
◎ 次のことにお答えください。

1. 倦怠感・身体の不調・口渇等を自覚されたのは、いつ頃ですか。また、そのときはどのような状態でしたか。
   昭和・(平成)・令和○○年○○月○○日 ●

   状態 ［ 口渇を自覚するようになり、食欲が低下し体重も減少した ］

> いつからどんな自覚症状があったかを記載する

2. 健康診断等で尿に糖が出ていることを指摘されたことはありますか。
   □ 指摘あり（検査日：昭・平・令　　年　　月　　日）
   ☑ 指摘なし

> 過去の健康診断で異常の指摘を受けたことがあるかどうか。ある場合は検査日を記載する

3. （2で指摘ありの場合）その検査日以降のすべての検査結果（写）を
   ※事業所に保管されている場合もありますので、確認してください
   □ 保管されているすべての検査結果（写）を添付した。（他にはな
   □ 十分に確認したが、添付できる検査結果が残っていない。（ひとつもない）

4. （2で指摘ありの場合）健康診断の結果ですぐに医療機関を受診しましたか。
   □ すぐに受診した（昭・平・令　　年　　月　　日）医療機関名（　　　　　　　　　）
   □ すぐに受診しなかった
   （理由及び健康診断の指摘後、受診するまでの間の体調）
   ［　　］

上記のとおり回答します。
令和○○年○○月○○日
　　　　　　　　　　　住所　中野区中野○-○-○
　　　　　　報告者
　　　　　　　　　　　氏名　石井一郎　　　　　　（続柄　本人　）

※ ご回答ありがとうございました。
　 回答内容を審査した結果、照会することがありますので、あらかじめご承知おきください。
※ ご記入いただいた個人情報は、独立行政法人等の保有する個人情報の保護に関する法律に基づき、適切に取り扱われます。

105

● 障害年金の初診日に関する調査票【肺の病気用】サンプル

障害年金の初診日に関する調査票【肺の病気用】

本調査票は、初診日を審査する際の資料となるものです。

◎ 次のことにお答えください。

1. 身体の不調・呼吸困難（息切れ、息苦しさ）等を自覚されたのは、いつ頃ですか。はどのような状態でしたか。
   昭和・(平成)・令和〇〇年〇〇月〇〇日

   状態 〔 歩いたあとや階段を上っているときに、息切れを感じるようになった。 〕

2. 健康診断等で肺機能障害を指摘されたことはありますか。
   ☑ 指摘あり（検査日：昭・(平)・令〇〇年〇〇月〇〇日）
   □ 指摘なし

   > 健康診断で異常の指摘があった場合は、検査結果票の添付を求められる

3. （2で指摘ありの場合）その検査日以降のすべての検査結果（写）を添付してください。
   ※事業所に保管されている場合もありますので、確認してください。
   ☑ 保管されているすべての検査結果（写）を添付した。（他にはない）
   □ 十分に確認したが、添付できる検査結果が残っていない。（ひとつもない）

4. （2で指摘ありの場合）健康診断の結果ですぐに医療機関を受診しましたか。
   □ すぐに受診した（昭・平・令　年　月　日）医療機関名（　　　　　　　）
   ☑ すぐに受診しなかった
   （理由及び健康診断の指摘後、受診するまでの間の体調）

   〔 健康診断で指摘があったが、体調もよく仕事も忙しかったため、医療機関は受診しなかった。当時は何も自覚症状がなかった。 〕

上記のとおり回答します。
令和〇〇年〇〇月〇〇日

　　　　　　　　　住所　中野区中野〇-〇-〇
　　　　　報告者
　　　　　　　　　氏名　石井一郎　　　　（続柄　本人）

※ ご回答ありがとうございました。
　回答内容を審査した結果、照会することがありますので、あらかじめご承知おきください。
※ ご記入いただいた個人情報は、独立行政法人等の保有する個人情報の保護に関する法律に基づき、適切に取り扱われます。

> 健康診断で指摘があった人は、その後すぐに受診したかどうか。受診しなかった場合、その理由などを記載する

● 障害給付　請求事由確認書サンプル

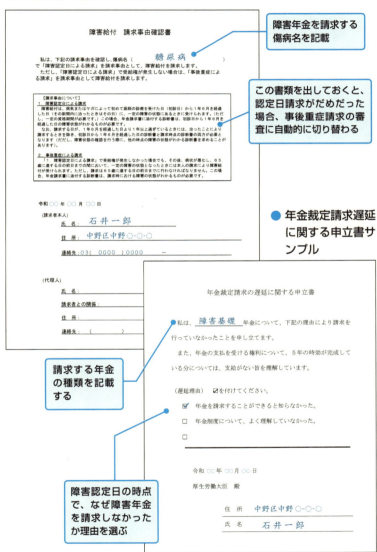

● 国民年金・厚生年金保険　第三者行為事故状況届（1枚目）サンプル

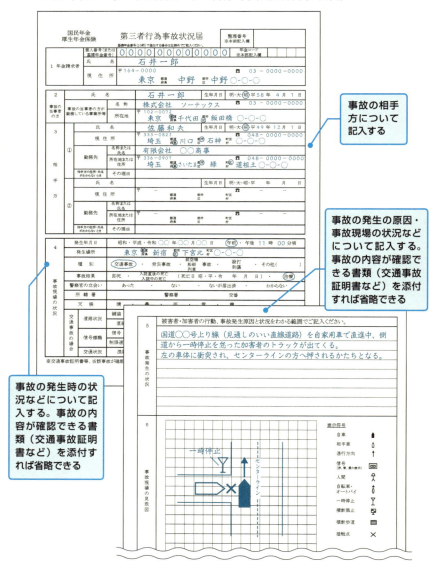

● 国民年金・厚生年金保険 第三者行為事故状況届（2枚目）サンプル

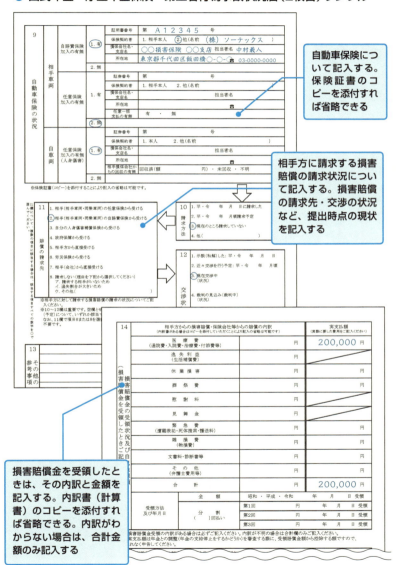

[第3章] 障害年金の手続きの流れ

10 添付書類を整え、窓口に提出しよう

Point
1. 添付書類は、人それぞれ違うので事前に確認しておく
2. 提出前にすべてコピーをとっておく
3. 提出から決定まで3カ月はみておく

申請に必要な書類を一覧表で確認しよう

申請書類は、必ず提出するものと人それぞれ必要に応じて提出するものがあります。下表を参考に、漏れのないように準備しましょう。戸籍謄本や住民票など、期限があるものもあるので注意してください。

● マイナンバーによる添付書類の省略について

日本年金機構にマイナンバーを登録している人、もしくは年金請求書にマイナンバーを記載した人は、「住民票」「所得証明」など、一定の書類の添付が原則不要となっています。

ただし、「年金請求書」を共済組合などに提出する場合は、別途「住民票」などの添付書類が必要になることがあります。必ず、提出先となる窓口 73頁参照 に確認してそろえていきます。

必ず提出するもの	
□ 年金請求書	市区町村役場、年金事務所などで入手し、自分で記載する（代理人が記載することも可能）114頁参照
□ 診断書	医師に作成してもらう。いつの時点の診断書を提出するか、現症日に注意する 94頁参照

必ず提出するもの	
☐ 受診状況等証明書 ☐ 受診状況等証明書が添付できない申立書　など	初診日証明に関する書類、資料 77～91頁参照
☐ 病歴・就労状況等申立書	自分で作成する書類（代理人が記載することも可能）98頁参照
☐ 住民票［認定日請求］6カ月以内のもの、［事後重症請求］1カ月以内のもの	請求書にマイナンバーを記載すれば省略できる
☐ 金融機関の通帳コピー	金融機関名、支店名、口座番号、氏名（カナ）がわかるページのコピー

加給年金・加算対象となる家族がいる場合	

加給年金・加算対象の家族とは
- 配偶者（障害厚生年金を請求するとき）
- 子ども（障害基礎年金を受給できる可能性があるとき）
    - ・18歳になったあとの最初の3月31日までの子
    - ・20歳未満で障害等級1、2級の障害の状態にある子

☐ 戸籍謄本［認定日請求］6カ月以内のもの、［事後重症請求］1カ月以内のもの	家族関係を確認するため （マイナンバーの記載で省略できる場合あり）
☐ 配偶者の課税証明※（もしくは非課税証明）	配偶者の生計維持要件を確認するため （マイナンバーの記載で省略できる場合あり）
☐ 子どもの収入が確認できるもの	子どもの生計維持要件を確認するため ・義務教育期間の子どもは不要 ・高校生は学生証のコピー　など 学生以外、通信教育の場合は、所得証明書類※が必要（マイナンバーの記載で省略できる場合あり）
☐ 20歳未満の子どもに障害がある場合	子どもの診断書

※ 遡及請求する場合は、さかのぼる年度の枚数分の所得証明書が必要。

（次頁に続く）

必要に応じて提出するもの	
☐ 本人の所得証明	20歳前傷病の場合のみ （マイナンバーの記載で省略できる場合あり）
☐ 障害者手帳のコピー	手帳を取得している人のみ
☐ 年金証書	年金を受給している人のみ

提出から決定までの目安は3カ月

　書類がそろったら、年金事務所の窓口などに提出します 73頁参照 。郵送で受けつけてくれるところもあるので、最寄りの年金事務所に聞いてみましょう。**書類は提出する前に、必ずコピーを取っておきます。**

　窓口で提出すると、受付印を押してくれた書面をもらうことができます。**事後重症請求の場合、受給が決まったらこの受付印が押された月に受給権が発生**します（受給できるのはその翌月から）。

　提出から決定までの流れを下図で確認しておきましょう。

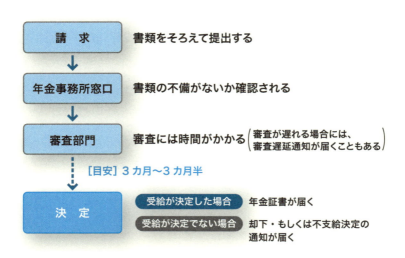

> **審査はどこで行われるの？**
>
> 以前は、障害基礎年金は各都道府県の事務センターで、障害厚生年金は日本年金機構本部で審査が行われていたが、現在は、日本年金機構「障害年金センター」が東京に設けられ、そこで障害基礎年金も障害厚生年金も一括して審査される

　書類を提出したあと、審査には時間がかかります。窓口の職員さんが審査すると勘違いしている人もいますが、窓口では書類を受けつけるだけです。

　結果が出るまで、国民年金（障害基礎年金）は3カ月、厚生年金（障害厚生年金）は3カ月半と案内されます。**それより早く結果が来ることもありますし、もっとかかることもあります。**

　審査の結果、受給が決定すると「年金証書」が届きます。不支給になった場合はその旨の「通知書」が届きます（第5章 182頁参照 ）。

> 年金請求書（次頁参照）にマイナンバーを記載することで、添付が省略できる書類もあるので、事前に確認しておきましょう。マイナンバーを記入して請求する際には、マイナンバーが確認できる書類の提示を求められることがあります。

まとめ！

1. 添付書類は、人それぞれ違うので、事前に必ず確認しておく
2. 住民票、戸籍謄本は期限に、所得証明書は取得する年度に注意する
3. 提出した書類は返ってこないので、提出する前にすべてコピーをとっておく
4. 提出から審査結果が出るまで、3カ月〜3カ月半ほどかかる

● 年金請求書（国民年金・厚生年金保険障害給付）（1枚目）サンプル

● 年金請求書（国民年金・厚生年金保険障害給付）（3枚目）サンプル

3. 障害給付の請求事由や障害の原因である傷病

(1) この請求は、下の欄にある「障害給付の請求事由」の1から3までのいずれかに該当します。また、「事後重症請求に関する確認事項」の該当する番号も○で囲んでください。

障害給付の請求事由	事後重症請求に関する確認事項
① 障害認定日による請求	① 「障害認定日による請求」で受給権が発生しない場合は、「事後重症による請求」として障害給付を請求する。 ② 「障害認定日による請求」で受給権が発生しない場合は、「事後重症による請求」による請求は行わない。
② 事後重症による請求	① 「障害認定日による請求」を行った結果、不支給となった。 ② 障害認定日の頃の状態は障害等級に該当しなかったが、その後症状が悪化し障害の状態が重くなった。 ③ その他（　　）
③ 初めて障害等級の1級または2級に該当したことによる請求	

> 1に○をつけると、障害認定日請求が不該当だった場合、事後重症請求として審査してくれる。

> 事後重症による請求の場合は、その理由に○をつける

(2) 障害の原因である傷病についてご記入ください。

	1.	2.	3.
傷病名	脳梗塞		
傷病の発生した日	昭和・(平成)・令和 ○○年○○月○○日	昭和・平成・令和 年 月 日	昭和・平成・令和 年 月 日
初診日	昭和・(平成)・令和 ○○年○○月○○日	昭和・平成・令和 年 月 日	昭和・平成・令和 年 月 日
初診日において加入していた年金制度	1.国年 (2.厚年) 3.共済 (4.未加入)	1.国年 2.厚年 3.共済 4.未加入	1.国年 2.厚年 3.共済 4.未加入
現在傷病は治っていますか。※	1.はい ・ (2.いいえ)	1.はい ・ 2.いいえ	1.はい ・ 2.いいえ
治っているときは治った日※	昭和・平成・令和 年 月 日	昭和・平成・令和 年 月 日	昭和・平成・令和 年 月 日
障害の原因は第三者の行為によりますか。	1.はい ・ (2.いいえ)　※「はい」を○で囲んだ場合は、「国民年金・厚生年金保険第三者行為事故状況届」の提出が必要となります。
傷病の原因は業務上ですか。	1.はい ・ (2.いいえ)
この傷病について右に示す制度から保険給付が行われているときは、その番号を○で囲み、支給を受けることとなった日を記入ください。請求予定・請求中のときも同様です。	1.労働基準法　2.労働者災害補償保険法　3.船員保険法　4.国家公務員災害補償法　5.地方公務員災害補償法　6.公立学校の学校医、学校歯科医及び学校薬
受けられるときは、その給付の種類の番号を○で囲み、支給を受けることとなった日を記入ください。	1.障害補償給付（障害給付）　昭和・平成・令和　年

> 初診日において20歳前または60歳以上65歳未満で厚生年金または共済組合に加入していない場合は、「未加入」に○をする

※「治った日」には、その症状が固定し治療の効果が期待できない状態に至った日も含みます。

（次頁に続く）

● 年金請求書（国民年金・厚生年金保険障害給付）（5枚目）サンプル

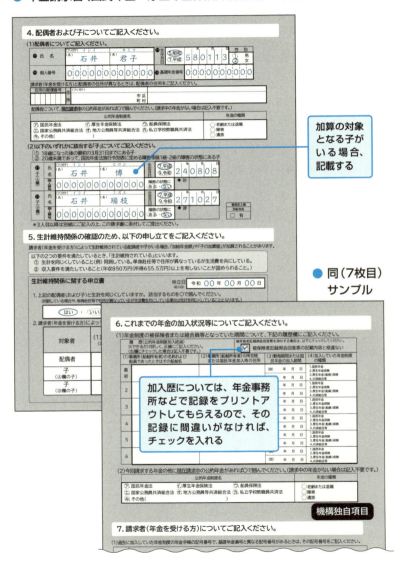

第4章 診断書の種類別 チェックポイントと注意点

**等級判定に最も影響する8種類の診断書!
種類別のポイントを把握しよう**

普段はあまり目にする機会のない障害年金の診断書。はじめて内容を見てもよくわかりません。しかし、重要なポイントはどこなのか、チェックの必要な記入欄はどこなのか、事前に知っておくことが大切です。よくわからないまま提出して不支給決定になってしまったら大変です。最低限押さえておきたいポイントと注意点を見ていきます。

診断書の種類ごとのポイントと確認事項

✓	診断書の種類	主な対象傷病	参照頁
✓	精神の障害用の診断書 精神の障害に係る等級判定ガイドライン	精神疾患、知的障害、発達障害、認知症 など	118
✓	肢体の障害用の診断書	変形性股関節症、脳梗塞や脳出血による麻痺 など	127
✓	腎疾患、肝疾患、糖尿病の障害用の診断書	人工透析、糖尿病、腎臓移植、肝硬変 など	139
✓	眼の障害用の診断書	網膜色素変性症、緑内障 など	146
✓	血液、造血器、そのほかの障害用の診断書	がん、難病、多発性骨髄腫 など	150
✓	循環器疾患の障害用の診断書	ペースメーカー、狭心症 など	159
✓	呼吸器疾患の障害用の診断書	気管支喘息、肺結核、肺がん など	166
✓	聴覚、鼻腔機能、平衡感覚、そしゃく、嚥下、言語機能の障害用の診断書	感音性難聴、突発性難聴、髄膜炎、耳硬化症、構音障害 など	173

❗ 注意

診断書の参考記入例については、あくまでも参考であり、記入内容や文章の表現など、診断書を記入する医師によっても異なります。同じ傷病(病気やケガ)名でも、一人ひとり具体的な症状は違うので、大まかなイメージを把握するものとして参考にしてください。

[第4章] 診断書の種類別チェックポイントと注意点

01 精神の障害用の診断書（様式第120号の4）を確認しよう

Point
1. 診断書裏面の日常生活能力の判定と日常生活能力の程度の内容が等級の判定に影響する
2. ❶を等級目安表にあてはめると、等級の目安がわかる
3. ❷はあくまでも目安。最終的には診断書全体を総合的に判断される

精神の障害用の診断書とチェックポイント

精神の障害は次のように区分され、障害認定基準に例示されています。

1. 統合失調症、統合失調症型障害および妄想性障害
2. 気分（感情）障害
3. 症状性を含む器質性精神障害
4. てんかん
5. 知的障害
6. 発達障害

次の病気やケガの例はごく一部であり、認定基準に該当する病気やケガはすべて対象となります。

対象になる主な病気やケガの例 うつ病、躁うつ病（双極性感情障害）、統合失調症、知的障害、発達障害［注意欠陥・多動性障害（ADHD）／自閉症スペクトラム障害（ASD）など］、脳血管障害（脳梗塞／脳出血など）による高次脳機能障害、てんかん、老年および初老期認知症など

● 精神の障害用の認定基準のポイント

精神の障害用の診断書は、疾患によって日常生活にどの程度支障が出ているのか、日常生活能力について細かい実態を具体的により適切に伝えたうえで、医師に記入依頼することが大切です。

精神の障害の認定基準は次のとおりとなります。

● 精神の障害の認定基準の目安

等 級	障 害 の 状 態
1 級	精神の障害により日常生活において、常にサポート、他人の介助が必要な場合
2 級	精神の障害により日常生活に著しい支障があり、サポートが必要になることがある場合
3 級	精神の障害により労働するのに著しい制限がある程度の障害
障害手当金	精神の障害により労働するのに著しい制限を残す程度の障害

参考 「国民年金・厚生年金保険 障害認定基準」の精神の障害の部分

神経症でも対象になる場合

「神経症は、その症状が長期間持続し一見重症なものであっても、原則として認定の対象とならない」と認定基準に示されています。適応障害や人格障害も原則として認定の対象となりません。

しかし、臨床症状から判断し、「精神病の病態」を示しているものについては、統合失調症または気分（感情）障害に準じた取り扱いとなります。適応障害や人格障害も同様であり、境界性人格障害においては特に認定される場合が多いです。

日常生活能力の7項目と判定

日常生活能力の7項目は、診断書裏面「⑩ ウ欄2」 126頁参照 に記載がありますが、次のとおりです。

---

❶ 適切な食事　　❷ 身辺の清潔保持
❸ 金銭管理と買い物　　❹ 通院と服薬
❺ 他人との意思伝達および対人関係
❻ 身辺の安全保持および危機対応　　❼ 社会性

次頁の障害等級の目安表では、この「日常生活能力の7項目」の判定を軽いほうから❶〜❹の数値に置き換え、4段階評価をして平均を算出します。

軽い　　❶ できる
　　　　❷ 自発的に（またはおおむね）できるが、時には助言を必要とする
　　　　❸ （自発的かつ適正にはできないが）助言や指導があればできる
重い　　❹ 助言や指導をしてもできないもしくはやらない

判定にあたっては、単身で生活することが可能かどうかで判断します。家族や同居人からの支援がない状態で判断します。

障害等級の目安

平成28年9月から運用がはじまった**「精神の障害に係る等級判定ガイドライン」**に、**障害等級の目安**が示された図表が載っています。ガイドラインは、精神障害のうち、てんかんを除くものが対象とされ、認定のばらつきを防ぐための指標とされています。障害等級の目安は、等級認定の参考とされていますが、総合評価の結果により目安とは異なる認定結果になる場合もあります。

障害等級の目安は次のとおりです。

判定平均＼程度	5	4	3	2	1
3.5以上	1級	1級または2級			
3.0以上3.5未満	1級または2級	2級	2級		
2.5以上3.0未満		2級	2級または3級		
2.0以上2.5未満		2級	2級または3級	3級 または3級非該当	
1.5以上2.0未満			3級	3級 または3級非該当	
1.5未満				3級非該当	3級非該当

参考 「国民年金・厚生年金保険 精神の障害に係る等級判定ガイドライン」の障害等級の目安の部分

程　　度：診断書の記載項目にある「日常生活能力の程度」を5段階評価にしたもの
判定平均：診断書の記載項目にある「日常生活能力の判定」の4段階評価を程度の軽いほうから1〜4の数値に置き換え、その平均を算出したもの
表内 3級：障害基礎年金の場合は「2級非該当」と置き換える

日常生活及び就労に関する状況について

審査の途中で必要と判断された場合に、「日常生活及び就労に関する状況について（照会）」という参考書式の提出を求められることがあります。**提出ずみの書類だけでは適正な審査が難しいと判断された場合に追加で求められる書式**ですが、あらかじめ裁定請求書と一緒に提出することも可能です。

病歴・就労状況等申立書だけでは日常生活や就労の状況をしっかり伝えられているか不安があるときには、書式を活用して最初から丁寧に細かな状況を伝えるのもひとつの方法です。また、書式はあくまでも参考であり、より正確に伝えるためにオリジナル（任意）の書式を作成してもかまいません。

診断書（精神の障害用）の記入依頼をする際のポイント

普段の定期通院の際に、かぎられた診察時間で「日常生活能力判定の7項目」について、こと細かく主治医にその場で毎回伝えることは現実的には難しいものです。

あとから漏れが出てしまったといったことをなくすためにも、**診断書の記入依頼をする際には、日常生活能力判定の7項目や就労状況についてまとめた文章を診察の際に渡せるように用意しておく**と、忙しい医師でも後から目を通すことができます。

まとめ！

❶ 実態と異なる内容のまま提出してしまわないように、事前に診断書の内容を確認し、明らかに事実と異なる部分があれば、主治医に相談する

❷ 精神の診断書では、特に日常生活能力の判定や程度、就労状況は等級判定に影響する重要な部分となるので、具体的にしっかりと主治医に伝える

● 日常生活及び就労に関する状況について（2枚目）サンプル

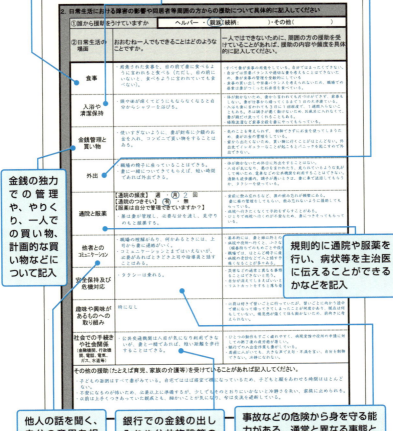

- 配膳などの準備も含めて適当量をバランスよく摂ることなどについて記入
- 洗面、洗髪、入浴等の身体の衛生保持や着替え、自室の清掃や片付けなどについて記入
- 散歩をしたり、必要に応じた外出ができるかなどについて記入
- 金銭の独力での管理や、やりくり、一人での買い物、計画的な買い物などについて記入
- 規則的に通院や服薬を行い、病状等を主治医に伝えることができるかなどを記入
- 他人の話を聞く、自分の意思を相手に伝える、集団的行動が行えるなどを記入
- 銀行での金銭の出し入れや公共施設等の利用、社会生活に必要な手続きが行えるなどを記入
- 事故などの危険から身を守る能力がある、通常と異なる事態となったときに他人に援助を求めるなどを含めて、適正に対応することができるなどを記入

（次頁に続く）

● 日常生活及び就労に関する状況について（3枚目）サンプル

> 就労している場合には、仕事の細かい内容、職場で受けている支援の内容や、職場での理解、勤怠等について詳しく記入

3. 就労（作業）状況について ※就労（作業）している場合にのみ記入してください。

①	勤務先（福祉事業所）について	(一般企業)・福祉事業所・その他（　　　　）
②	雇用形態（作業所で訓練を受けている場合は、記載不要です。）	一般雇用　・(障害者雇用)・　自営　・　その他（　　　）
③	就労支援区分（利用者のみ）	就労継続（　A型　・　B型　）・就労移行
④	いつから勤務（訓練）していますか。	昭和・(平成)　30　年　12　月から
⑤	1日の勤務（訓練）時間	平均　6　時間　　　分
⑥	1カ月の勤務（訓練）日数	平均　16　日
⑦	1カ月の給料	(有)　約　110,000　円　・　無
⑧	通勤方法	電車・バス・車・(徒歩)・その他（妻の送迎）
⑨	通勤所要時間	時間　15　分
⑩	通勤（通所）時の付添人の有無	あり（　本人との関係：　　　　）・(なし)

⑪ 就労内容（職場における自分の担当する仕事の内容等）を記入してください。
・パソコンを使った簡単な入力作業。

⑫ 仕事場で他の従業員とのコミュニケーションの状況をご記入ください。
・指導員や上司と必要があればときどき話すことはあるが、同僚とのコミュニケーションはなく、ほぼ椅子に座ってパソコンと向かいあっている。

⑬ 仕事場で受けている援助の状況をご記入ください。（援助の内容、頻度）
・対人関係ではささいなことでトラブルになりやすいため、できるだけコミュニケーションは避けている。
・指導員が適度に声掛けや指導をしてくれるため、大きな問題はなく続けられている。

⑭ 就労を継続するために、家族や専門職等から受けている職場外での支援内容等があれば、記入してください。
・物事を順序立てて計画したり、時間を計算したりすることができないため、妻が声がけを行っている。・持ち物について、妻と一緒に確認している。
・出勤時間は、妻が一緒に管理してくれて支度する。

⑮ その他（欠勤等を含めた勤務状況等）
・会社の理解と手厚い援助があるため就労できている。
・妻の時間管理のもと、遅刻しないで出勤できているが、体が重くて動かない日は欠勤することもある。
・1人で通勤できない日は、妻に車で送迎してもらうことが頻繁にある。

3/4

> ⑥ 診断書を書いてもらう病院の初診から診断書を作成する日までの間に傷病が治っていればその日を記入してもらう。また、傷病が治ったとき、診断書を書いてもらう病院で直接診察していた場合は「確認」に、傷病が治ったとき、診断書を書いてもらう病院で直接診察していない場合は「推定」に、丸をつけてもらう

● **国民年金 厚生年金保険 診断書（精神の障害用）サンプル**

① 障害年金を請求する傷病（病気やケガ）名および該当する「ICD10コード」を記載してもらう。同時期に複数の精神疾患が併発している場合は、障害年金を請求するすべての傷病名および該当する「ICD10コード」を記載してもらう

③ ①欄の傷病のために、はじめて医師の診療を受けた日を記入してもらう。診療録で確認できるときは、「診療録で確認」を○で囲んでもらう。確認できないときは、「本人の申立て」を○で囲み、申立て年月日を記入してもらう

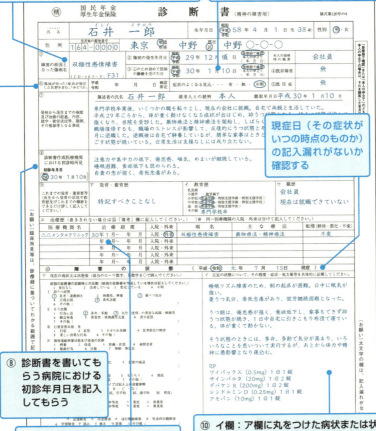

現症日（その症状がいつの時点のものか）の記入漏れがないか確認する

⑧ 診断書を書いてもらう病院における初診年月日を記入してもらう

⑨ エ欄：入退院を繰り返して受診医療機関が多く記入欄が不足する場合は、⑬「備考」欄へ記入するか、任意の別紙に記入し、診断書に添付してもらう

⑩ イ欄：ア欄に丸をつけた病状または状態について、問診による精神医学的所見、病状の程度、処方内容などをできるだけ具体的に記入してもらう

125
（次頁に続く）

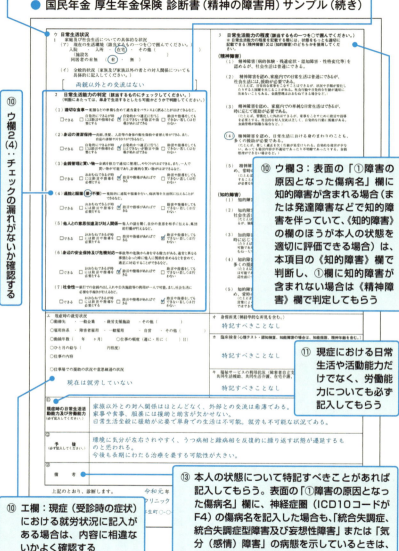

[第4章] 診断書の種類別チェックポイントと注意点

02 肢体の障害用の診断書（様式第120号の3）を確認しよう

Point
1. 病気やケガによって等級認定のための重要欄が異なる
2. 計測は整形外科かリハビリ科の医師などが得意としている
3. 客観的な数値などで等級判定されるため、等級の予測がつきやすい

肢体の障害用の診断書とチェックポイント

「肢体」とは、手足と体のことをいいます。肢体の障害用診断書は、障害認定基準 59頁参照 に記載されている ❶ 平衡機能の障害 175頁参照 、❷ 肢体の障害 128～135頁参照 （「上肢の障害」「下肢の障害」「体幹・脊柱の機能の障害」および「肢体の機能の障害」に障害の程度が区分されています）、❸ 神経系統の障害 135頁参照 のときに使います。次頁表の病気やケガの例はごく一部であり、認定基準に該当する病気やケガはすべて対象となります。

障害の部位や病気やケガに伴う障害の程度や状態などによって診断書の該当記入欄が異なり、関係のない欄には斜め線を引いてもらいます。障害認定基準に示された客観的な数値で等級判定されるため、等級の予想がつきやすく認定結果にバラツキが出にくいのも特徴です。

対象になる記入欄によっては事前に医師に日常生活における動作の状態を伝えたほうがいい場合もあります。また症状の固定日（症状が固定し、治療の効果が期待できない状態）によっても、いつから障害年金の受給対象月になるか変動する病気やケガが比較的多いのも特徴です。

> **対象になる主な傷病（病気やケガ）例**
> **❶平衡機能の障害** 脳腫瘍、多発性硬化症、脊髄小脳変性症、脳梗塞や脳出血などの脳血管障害、多系統萎縮症 など **175頁参照**
> **❷肢体（手足・体）の障害** 肢体の切断、パーキンソン病、脊髄損傷、脊髄小脳変性症、多発性硬化症、重症筋無力症、筋ジストロフィー、関節リウマチ、脳梗塞や脳出血などの脳血管障害による麻痺、脳腫瘍、外傷性運動障害、筋委縮性側索硬化症、遷延性意識障害、変形性股関節症、脊髄炎、脊柱の脱臼 など
> **❸神経などの障害** 脳梗塞や脳出血などの脳血管障害、脊髄血管障害、脳腫瘍、脊髄腫瘍、パーキンソン病、多発性硬化症、脳部外傷・脊髄損傷による麻痺 など

● 肢体（手足・体）の障害用の認定基準のポイント

　肢体の障害用の診断書は、障害認定基準 **59頁参照** の次の障害に該当する場合に使います。まずは、**傷病に伴う障害の程度や状態、障害の部位などから、障害認定基準のどこに該当するか特定する**必要があります。対象の病気やケガは、障害認定基準の該当する部位や状態によって、日常生活動作と関節可動域のどちらが等級認定の判断材料として中心となるのか変わってきます。

> 病気やケガの部位や症状の特徴によって、等級認定のための判断材料のポイントや診断書の記入欄が異なります。

● 肢体（手足・体）の障害の認定基準の参考目安

腕（手・指を含む）の障害

令別表		障害の程度	障 害 の 状 態
国年令別表		1級	両腕の機能に著しい障害を有するもの（両腕の機能がまったく使えない状態）
			両手のすべての指を欠くもの（両手のすべての指を基部から欠き、有効長が0のもの）
			両方の腕や手・指のすべての指の機能に著しい障害を有するもの（両方の腕や手・指の機能がまったく使えない状態）
		2級	両手の親指およびひとさし指または中指を欠くもの（両手の親指およびひとさし指または中指を基部から欠き、有効長が0のもの）
			両手の親指およびひとさし指または中指の機能に著しい障害を有するもの（両手の親指およびひとさし指または中指の機能がまったく使えない状態）
			片腕の機能に著しい障害を有するもの（以下片腕の機能がまったく使えない状態）
			片手のすべての指を欠くもの（片手のすべての指を基部から欠き、有効長が0のもの）
			片手のすべての指の機能に著しい障害を有するもの（片手のすべての指の機能がまったく使えない状態）
			日常生活が著しい制限を受けるか、または日常生活に著しい制限を加えることを必要とする程度のもの
厚年令	別表第1	3級	片腕の3大関節のうち、2関節の機能がまったく使えない状態
			長管状骨に偽関節を残し、運動機能に著しい障害を残すもの
			片手の親指およびひとさし指を失ったものまたは親指もしくはひとさし指を併せ片手の3指以上を失ったもの
			親指およびひとさし指を併せ片手の4指の機能がまったく使えない状態
			労働が著しい制限を受けるか、または労働に著しい制限を加えることを必要とする程度のもの

（次頁に続く）

令別表	障害の程度	障害の状態
厚年令	別表第2	障害手当金（症状が固定していない場合は3級）	片腕の3大関節のうち、1関節に著しい機能障害を残すもの
			長管状骨に著しい転位変形を残すもの
			片手の2指以上を失ったもの
			片手のひとさし指を失ったもの
			片手の3指以上の用を廃したもの
			ひとさし指を併せ片手の2指の用を廃したもの
			片手の親指の用を廃したもの
			労働が制限を受けるか、または労働に制限を加えることを必要とする程度

参考 「国民年金法施行令別表・厚生年金保険法施行令」の上肢の障害の部分
※ 腕の3大関節は、肩関節・ひじ関節および手関節です。

腕の関節などの機能障害による障害等級の程度をまとめると、次の表のとおりになります。

	1級	2級	3級	障害手当金
両腕	両腕の機能がまったく使えない状態	両腕の機能にかなりの障害がある状態	両腕の機能に障害がある状態	
片腕		片腕の機能がまったく使えない状態	片腕の機能にかなりの障害がある状態	片腕の機能に障害がある状態
			片腕のの3大関節のうち、2関節の機能がまったく使えない状態	片腕の3大関節のうち、1関節の機能にかなりの障害がある状態
				ひじから手首の医師が手を添えて可動できる範囲が、障害のないひじから手首のほうを医師が手を添えて可動できる範囲の4分の1以下になった状態

手指の機能障害による障害等級の程度をまとめると次の表のとおりになります。

	1級	2級	3級	障害手当金
両手・指	両手のすべての指の機能がまったく使えない状態	両手のおや指およびひとさし指または中指の機能がまったく使えない状態		
片手・指		片手のすべての指の機能がまったく使えない状態	おや指およびひとさし指を併せ片手の4指の機能がまったく使えない状態	❶片手の3指以上の機能がまったく使えない状態 ❷ひとさし指を併せ片手の2指の機能がまったく使えない状態 ❸片手のおや指の機能がまったく使えない状態

次の❹❺は、3級と認定される（障害の状態によってはさらに上位等級となる）。
❹片腕の3大関節中1関節以上に人工骨頭または人工関節を挿入置換したもの
❺両腕の3大関節中1関節以上にそれぞれ人工骨頭または人工関節を挿入置換したもの

指の欠損障害による障害等級の程度をまとめると、次の表のとおりになります。

	1級	2級	3級	障害手当金
両方の指	両手のすべての指がない状態	両手のおや指およびひとさし指または中指がない状態		
片方の指		片手のすべての指がない状態	片手のおや指およびひとさし指を失った状態またはおや指もしくはひとさし指を併せ片手の3指以上を失った状態	❶片手の2指以上を失った状態 ❷ひとさし指を失った状態

（次頁に続く）

足の障害

令別表		障害の程度	障害の状態
国年令別表		1級	両足の機能に著しい障害を有するもの（両足の機能がまったく使えない状態）
			両足を足関節以上で欠くもの
		2級	両足のすべての指を欠くもの（両足の10趾を中足趾節関節以上で欠くもの）
			片方の足の機能に著しい障害を有するもの（片方の足の機能がまったく使えない状態）
			片方の足を足関節以上で欠くもの
			日常生活が著しい制限を受けるか、または日常生活に著しい制限を加えることを必要とする程度のもの
厚年令	別表第1	3級	片方の足の3大関節のうち、2関節の機能がまったくつかえない状態
			長管状骨に偽関節を残し、運動機能に著しい障害を残すもの
			片方の足をリスフラン関節以上で失ったもの
			両足の10本の指の機能がまったく使えない状態
			労働が著しい制限を受けるか、または労働に著しい制限を加えることを必要とする程度
	別表第2	障害手当金（症状が固定していない場合は3級）	片方の足の3大関節のうち、1関節に著しい機能障害を残すもの
			片方の足を3センチメートル以上短縮したもの
			長管状骨に著しい転位変形を残すもの
			片方の足の親指またはほかの指を4本以上を失ったもの
			片方の足の5本の機能がまったく使えない状態
			労働が制限を受けるか、または労働に制限を加えることを必要とする程度

参考 「国民年金法施行令別表・厚生年金保険法施行令」の下肢の障害の部分
※ 足の3大関節は、股関節・ひざ関節・足（足首）関節です。

足の機能障害による障害等級の程度をまとめると、次の表のとおりになります。

	1級	2級	3級	障害手当金
両足	両足の機能がまったく使えない状態	両足の機能にかなりの障害がある状態	両足の機能に障害がある状態	
片足		片足の機能がまったく使えない状態	片足の機能にかなりの障害がある状態	片足の機能に障害がある状態
片足			片足の3大関節のうち、2関節の機能がまったく使えない状態	片足の3大関節のうち、1関節の機能にかなりの障害がある状態
足の指			両足の10本の指の機能がまったく使えない状態	片足の5本の指の機能がまったく使えない状態

次の❹❺は、3級と認定される（障害の状態によってはさらに上位等級となる）。
❹片足の3大関節中1関節以上に人工骨頭または人工関節を挿入置換したもの
❺両足の3大関節中1関節以上にそれぞれ人工骨頭または人工関節を挿入置換したもの

足の欠損障害による障害等級の程度をまとめると、次の表のとおりになります。

	1級	2級	3級	障害手当金
両足	両足の足首の関節以上がない状態	両足のすべての指がない状態		
一足		片方の足首の足関節以上がない状態	片足のリスフラン関節 201頁参照 以上がない状態	片足の親指またはほかの4本以上を失ったもの

（次頁に続く）

体幹・脊柱の機能の障害

令別表		障害の程度	障害の状態
国年令別表		1級	体幹の機能に座っていることができない程度または立ち上がることができない程度
			日常生活の用を弁ずることを不能ならしめる程度のもの
		2級	体幹の機能に歩くことができない程度の障害を有するもの
			日常生活が著しい制限を受けるか、または日常生活に著しい制限を加えることを必要とする程度のもの
厚年令	第1別表	3級	脊柱の機能に著しい障害を残すもの
	第2別表	障害手当金	脊柱の機能に障害を残すもの

参考 「国民年金法施行令別表・厚生年金保険法施行令」の体幹・脊柱の機能の障害の部分

※ 体幹の機能障害は、高度体幹麻痺による脊髄性小児麻痺、脳性麻痺などによって生じるものと、認定の対象が限定されています。

肢体（手足・体）の機能の障害

障害の程度	障害の状態
1級	1. 片方の腕および片方の足の機能がまったく使えない状態 2. 四肢の機能に日常生活における動作の状態の障害を残すもの
2級	1. 片方の腕および片方の足の機能に日常生活における動作の状態の障害を残すもの 2. 両足（四肢）に機能障害を残すもの
3級	片方の腕および片方の足に機能障害を残すもの

診断書⑱欄	片腕および片足	両腕および両足
✕	1級	1級
△✕	2級	1級
○△	3級	2級

（等級目安の参考）

参考 「国民年金法施行令別表・厚生年金保険法施行令」の肢体の機能の障害の部分

※ 障害の程度は、関節可動域、筋力、巧緻性、速さ、耐久性を考慮し、日常生活における動作の状態から身体機能を総合的に認定されます。

機能障害の日常生活動作の障害の程度をまとめると、次頁の表のとおりになります。

	片腕および片足の障害	138項の診断書裏面⑱欄	両腕および両足(四肢)の障害	138項の診断書裏面⑱欄
1級	機能がまったく使えない状態＝日常生活における動作のすべてを「ひとりでまったくできない場合」またはこれに近い状態	✕	機能にかなりの障害がある状態＝日常生活の多くが「ひとりでまったくできない場合」またはほとんどが「ひとりでできるが非常に不自由な場合」	✕ または △✕
2級	機能にかなりの障害がある状態＝日常生活の多くが「ひとりでまったくできない場合」またはほとんどが「ひとりでできるが非常に不自由な場合」	△✕	機能に障害がある状態＝日常生活動作の一部が「ひとりでまったくできない場合」またはほとんどが「ひとりでできてもやや不自由な場合」	〇△
3級	機能に障害がある状態＝日常生活動作の一部が「ひとりでまったくできない場合」またはほとんどが「ひとりでできてもやや不自由な場合」	〇△		

脳出血や脳梗塞による身体のマヒも、この肢体の機能障害に該当することが多い

● 神経系統の障害の認定基準の目安

等級	障 害 の 状 態
1級	身体の機能障害により、日常生活が常にサポートや他人の介助が必要な場合
2級	身体の機能障害により、日常生活に著しい支障があり、サポートが必要になることがある場合
3級	身体の機能や神経系統の障害により、労働するのに著しい制限がある程度の障害
傷病手当金	身体の機能や神経系統の障害により、労働するのに著しい制限を残す程度の障害

※ 疼痛は、原則として認定の対象とならない。ただし、両腕両足そのほかの神経損傷によって生じる灼熱痛、根性疼痛、がんに伴う疼痛などは、疼痛発作の頻度、強さ、持続時間などにより次のとおり取り扱われる。
❶ 軽易労働以外の労働に常に支障があるものは3級と認定
❷ 一般的な労働能力はあるが、疼痛により時には労働に従事することができなくなり、就労可能な職種の範囲がかなり制限されるものは傷病手当金として認定

診断書（肢体の障害用）の記入依頼をする際のポイント

日常生活動作の状態は、手足や体の機能障害の等級判定に重要な判定ポイントとなります。これは、**補助具を使用しない状態での評価**となります。また**「その動作を瞬間的にできたとしても、実用性に乏しく持続できない場合はできるとはいえない」**ので注意が必要です。

日常生活動作の状態については、本人しか把握できていない部分もあるので、より適切な状態が反映された診断書に仕上がるように、医師に丁寧に伝えましょう。診断書の「⑱欄　日常生活における動作の障害の程度」を部分的に写して、自己申告の内容を記載したものを医師に参考として渡してもいいでしょう。

また手足・体の障害関係の測定方法については、障害認定基準に参考として掲載されていますが、すべての科の医師に測定の経験があるわけではありません。**できるだけ、測定に慣れている整形外科やリハビリ科などの医師に記入してもらうのが安心**です。**脳神経外科と理学療法士が連携しているような医療機関でも安心です。**

測定に慣れていない医師に依頼をする場合には、認定基準の「肢体の障害関係の測定方法」を印刷して渡してもいいでしょう。

● 肢体の障害関係の測定方法（日本年金機構のホームページ）
https://www.nenkin.go.jp/service/jukyu/shougainenkin/ninteikijun/20140604.files/3-1-7-5.pdf

---

まとめ！

1. 病気やケガに伴う障害の程度や状態、障害の部位などから、障害認定基準のどこに該当するか特定して、診断書のどの欄が等級認定に影響するのか把握する
2. 診断書の必須記入欄と等級判定に影響する欄を把握したら、医師に適切に状態を伝える

③ ①の病気やケガのために、はじめて医師の診療を受けた日を記入してもらう。診療録で確認できるときは、「診療録で確認」を○で囲む。確認できないときは、「本人の申立て」を○で囲み、申立て年月日を記入してもらう

⑦ 「傷病が治っている場合」は、初診日から1年6カ月以内において、手足を離断・切断した場合は離断・切断日、また機能障害の場合は、いかなる治療を行っても回復の見込みがなく、その症状が変わらない状態となった日を記入してもらう。「傷病が治っている」と判断した場合は、その理由を裏面の㉓に記入してもらう

● 国民年金 厚生年金保険 診断書（肢体の障害用）サンプル（表面）

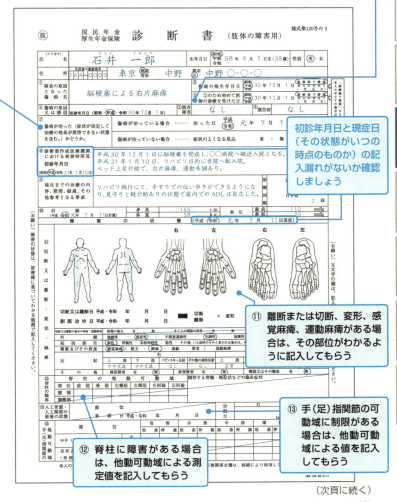

初診年月日と現症日（その状態がいつの時点のものか）の記入漏れがないか確認しましょう

⑪ 離断または切断、変形、感覚麻痺、運動麻痺がある場合は、その部位がわかるように記入してもらう

⑫ 脊柱に障害がある場合は、他動可動域による測定値を記入してもらう

⑬ 手（足）指関節の可動域に制限がある場合は、他動可動域による値を記入してもらう

（次頁に続く）

137

● 国民年金 厚生年金保険 診断書（肢体の障害用）サンプル（裏面）

⑯ 肩関節、肘関節、前腕、手関節、股関節、膝関節、足関節の他動可動域による測定値を記入してもらう。なお、健側と患側を比較して障害の程度を認定することもあるので、右・左どちらも記入してもらう。筋力の欄は、正常、やや減、半減、著減、消滅のうち、該当するものに○で囲んでもらうかチェックをつける

⑱ 補助用具を使用しない状態で判断し記載されたか、必ず確認する
⑱欄は障害によっては、等級認定に大きく影響する重要個所になる

⑳ 脳血管障害などにより言語障害がある場合は、会話状態などをできるかぎり具体的に記入してもらう

138

[第4章] 診断書の種類別チェックポイントと注意点

03 腎疾患・肝疾患・糖尿病の障害用の診断書（様式第120号の6-(2)）を確認しよう

Point
① 診断書の一般状態区分表は等級判定に影響する重要な個所
② 人工透析療法を開始している場合は、一般状態区分表に影響を受けずに等級は2級になる
③ 一般状態区分表の評価と検査数値や臨床所見などとの組みあわせで認定されることが多い

腎疾患・肝疾患・糖尿病の診断書とチェックポイント

腎疾患・肝疾患・糖尿病の障害は次のように区分されます。

① 腎疾患による障害
② 肝疾患による障害
③ 代謝疾患による障害

次の病気やケガの例はごく一部であり、認定基準に該当する病気やケガはすべて対象となります。

対象になる主な病気やケガの例
腎疾患による障害 慢性腎不全（人工透析を含む）、慢性腎炎（ネフローゼ症候群を含む）、糖尿病性腎症、腎硬化症、IgA腎症、慢性糸球体腎炎、急性進行性腎炎、アミロイドージス、多発性嚢胞腎、腎盂腎炎、

139

膠原病、痛風腎　など

慢性腎不全に対するものがほとんど。検査成績や一般状態区分を中心に総合的な認定となる（人工透析療法を受けている場合を除く）

肝疾患による障害　肝炎、肝硬変、肝がん　など

肝硬変症と付随する病態を認定対象となる疾患としている。ただし慢性肝炎でも対象となるケースがある。アルコール性肝硬変については、検査日より前に180日以上アルコールを摂取せずに、継続して治療をしていれば認定の対象とする

代謝疾患による障害　糖尿病、糖尿病を原因とする合併症　など

認定対象となる疾患がほとんど糖尿病です。糖尿病による障害の程度は、合併症の有無およびその程度、代謝のコントロール状態、治療および症状の経過、具体的な日常生活状況などを十分考慮し、総合的に認定される

● 腎疾患・肝疾患・糖尿病の障害用の認定基準のポイント

● 腎疾患による障害等級の基準

障害の程度	障害の状態
1級	次頁表の検査数値の高度異常が1つ以上あり、かつ一般状態区分表 143頁参照 のオに該当するもの
2級	❶次頁表の検査数値の中等度または高度異常が1つ以上あり、かつ一般状態区分表 143頁参照 のエまたはウに該当するもの ❷人工透析療法施行中のもの
3級	❶次頁表の検査数値の軽度、中等度または高度異常が1つ以上あり、かつ一般状態区分表 143頁参照 のウまたはイに該当するもの ❷ネフローゼ症候群の検査数値のうちアが異常を示し、かつ、イまたはウのいずれかが異常を示し、かつ、一般状態区分表 143頁参照 のウまたはイに該当するもの

● 異常検査数値

区分		検査項目	単位	軽度異常	中等度異常	高度異常
ア		内因性クレアチニンクリアランス値	ml/分	20以上 30未満	10以上 20未満	10未満
イ		血清クレアチニン濃度	mg/dl	3以上 5未満	5以上 8未満	8以上
ウ	1	1日尿蛋白量または尿蛋白／尿クレアチニン比	g/日 または g/gCr	3.5以上を持続する		
	2	血清アルブミン（BCG法）	g/dl	3.0以下		
	3	血清総蛋白	g/dl	6.0以下		

参考 「国民年金・厚生年金保険　障害認定基準」の腎疾患による障害の部分

人工透析療法に関する取り扱い

人工透析療法を受けている場合は2級と認定されます。ただし、状態によってはさらに上位等級となります。診断書には、透析実施前の検査成績を記入してもらいます。**人工透析療法を受けている場合は、人工透析療法開始から3カ月を経過した日が、初診日から1年6カ月以内なら、この日を障害認定日**とします。ただし、**人工透析を開始した日から3カ月を経過した日が、初診日から1年6カ月をすぎていれば、原則どおり1年6カ月経過した日が障害認定日**です。

● 肝疾患による障害等級の基準

障害の程度	障　害　の　状　態
1級	次項表の検査数値および臨床所見のうち高度異常を3つ以上示すものまたは高度異常を2つおよび中等度の異常を2つ以上示すもので、かつ、一般状態区分表 143頁参照 のオに該当するもの
2級	次項表の検査数値および臨床所見のうち中等度または高度の異常を3つ以上示すもので、かつ、一般状態区分表 143頁参照 のエまたはウに該当するもの
3級	次項表の検査数値および臨床所見のうち中等度または高度の異常を2つ以上示すもので、かつ、一般状態区分表 143頁参照 のウまたはイに該当するもの

141

● **異常検査数値・臨床所見**

検査項目／臨床所見	基準値	中等度異常値	高度異常
血清総ビリルビン（mg/dl）	0.3〜1.2	2.0以上3.0以下	3.0超
血清アルブミン（g/dl）（BCG法）	4.2〜5.1	3.0以上3.5以下	3.0未満
血小板数（万/μl）	13〜35	5以上10未満	5未満
プロトロンビン時間（PT）（％）	70超〜130	40以上　70以下	40未満
腹水	―	腹水あり	難治性腹水あり
脳症（認定基準の表1 昏睡分類表による）	―	Ⅰ度	Ⅱ度以上

参考　「国民年金・厚生年金保険　障害認定基準」の肝疾患による障害の部分

　代謝疾患の障害で対象となるものは、ほとんどが糖尿病です。糖尿病については、必要なインスリン治療をしてもなお血糖のコントロールが困難なもので、次のいずれかに該当するものが **3級に認定** されます。

> ❶ 内因性のインスリン分泌が枯渇している状態で、空腹時または随時の血清Cペプチド値が0.3ng/mL未満で、かつ一般状態区分表のウまたはイに該当する場合
> ❷ 意識障害によって、自己回復ができない重症低血糖の所見が平均して月1回以上あり、かつ一般状態区分表のウまたはイに該当する場合
> ❸ インスリン治療中に糖尿病ケトアシドーシスまたは高血糖高浸透圧症候群による入院が年1回以上あり、かつ一般状態区分表のウまたはイに該当する場合

　ただし検査日より前に、90日以上継続して必要なインスリン治療を

していなくてはなりません。症状、検査成績および具体的な日常生活状況などによっては、さらに上位等級に認定されます。

糖尿病による障害の程度は、診断書の一般状態区分表で見ると次のようになっています。

● **一般状態区分表**

区分	一 般 状 態
ア	無症状で社会活動ができ、制限を受けることなく、発病前と同等にふるまえるもの
イ	軽度の症状があり、肉体労働は制限を受けるが、歩行、軽労働や座業はできるもの。たとえば、軽い家事、事務など
ウ	歩行や身のまわりのことはできるが、時に少し介助が必要なこともあり、軽労働はできないが、日中の50％以上は起居しているもの
エ	身のまわりのある程度のことはできるが、しばしば介助が必要で、日中の50％以上は就床しており、自力では屋外への外出等がほぼ不可能となったもの
オ	身のまわりのこともできず、常に介助を必要とし、終日就床を強いられ、活動の範囲がおおむねベッド周辺にかぎられるもの

腎疾患・肝疾患・糖尿病の障害用の診断書作成を依頼するポイント

診断書の一般状態区分表は、等級判定に重要な個所となります。医師によって文言の解釈のしかたが異なるので、しっかりと症状を伝えてから記載してもらいましょう。

> 異常所見（検査数値）と一般状態区分アーオの組みあわせで等級認定されます。異常所見の程度は認定基準で明確になっています。

③ この診断書を作成するための初診日ではなく、本人が障害の原因となった傷病についてはじめて医師の診療を受けた日を記入してもらう。前にほかの医師が診察している場合は、本人の申立によって記入してもらう

● 国民年金・厚生年金保険　診断書
（腎疾患・肝疾患・糖尿病の障害用）サンプル

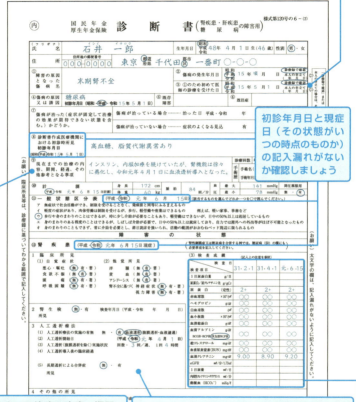

初診年月日と現症日（その状態がいつの時点のものか）の記入漏れがないか確認しましょう

⑨ 現在までの治療の内容、期間、経過、そのほか参考となる事項を記入してもらう。また、診療回数は現症日前1年間における診療回数を記入してもらう。なお入院日数1日は、診療回数1回として計算してもらう

⑫ 3．人工透析療法を実施している場合は、血液透析、腹膜透析または血液濾過のうち、実施したものすべてを〇で囲み、最初に実施した人工透析療法の開始日を記入してもらう

⑫ （3）に過去6カ月における2回以上の検査成績をそれぞれ記入してもらう
・血清アルブミンについては、BCG法、BCP法または改良型BCP法のいずれかを〇で囲んでもらう
・血清クレアチニンの検査数値などをもとにeGFRの値を記入してもらう

144

⑬ 1（3）過去6カ月における2回以上の検査成績をそれぞれ記入してもらう
・「血清アルブミン」は、BCG法、BCP法または改良型BCP法のいずれかを〇で囲んでもらう
・「アルコール性肝硬変の場合」は、「180日以上アルコールを摂取していない。」と「継続して必要な治療を実施している。」の〇または×のいずれかを検査日ごとに〇で囲んでもらう

● 国民年金・厚生年金保険　診断書
（腎疾患・肝疾患・糖尿病の障害用）サンプル（続き）

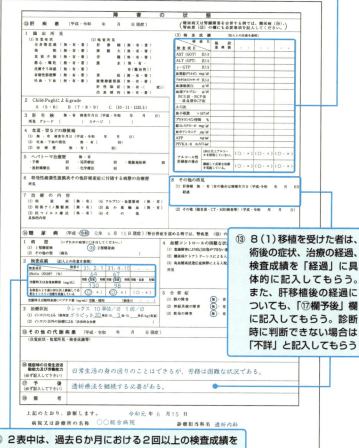

⑬ 8（1）移植を受けた者は、術後の症状、治療の経過、検査成績を「経過」に具体的に記入してもらう。また、肝移植後の経過についても、「⑰欄予後」欄に記入してもらう。診断時に判断できない場合は「不詳」と記入してもらう

⑭ 2表中は、過去6か月における2回以上の検査成績をそれぞれ記入してもらう
・「HbA1c」は、NGSP値を記入してもらう
・「空腹時または食後血糖値」は、空腹・食後いずれかを〇で囲み、食後は時間を記入してもらう
・「各検査日より前90日以上継続して必要なインスリン治療を実施している」については、〇または×のいずれかを検査日ごとに〇で囲んでもらう。血清Cペプチド値は、原則として過去1年以内における検査成績を記入してもらう。また、空腹・随時のいずれかを〇で囲んでもらう

145

[第4章] 診断書の種類別チェックポイントと注意点

04 眼の障害用の診断書（様式第120号の1）を確認しよう

Point
1. **両眼の視力**とは、それぞれの視力を別々に測定した数値
2. 両眼の視力の和とは、左右それぞれの視力の測定値を合算した値
3. 令和4年1月1日改正施行の認定基準により、「両目の視力の和」が「良い方の眼の視力」に変更された
4. 改正前のゴールドマン視野計に加えて、自動視野計に基づく認定基準が創設された

眼の障害用の診断書とチェックポイント

眼の障害は、次のように区分されます。

1. 視力障害
2. 視野障害
3. そのほかの障害

次の病気やケガの例はごく一部であり、認定基準に該当する病気やケガはすべて対象となります。

対象になる主な病気やケガの例
網膜色素変性症、網膜剥離、白内障、緑内障、角膜混濁、ぶどう膜炎、眼球萎縮、糖尿病性網膜症、視神経萎縮　など

146

● 眼の障害用の認定基準のポイント

視力障害、その他

令別表	障害の程度	障害の状態
国年令別表	1級	両眼の視力がそれぞれ0.03以下のもの
		一眼の視力が0.04、他眼の視力が手動弁以下のもの
	2級	両眼の視力がそれぞれ0.07以下のもの
		一眼の視力が0.08、他眼の視力が手動弁以下のもの
		身体の機能の障害が前各号と同程度以上と認められる状態であって、日常生活が著しい制限を受けるか、または日常生活に著しい制限を加えることを必要とする程度のもの
厚年令別表第1	3級	両眼の視力がそれぞれ0.1以下に減じたもの
厚年令別表第2	障害手当金	両眼の視力がそれぞれ0.6以下に減じたもの
		一眼の視力が0.1以下に減じたもの
		両眼のまぶたに著しい欠損を残すもの
		両眼による視野が2分の1以上欠損したもの
		両眼の調節機能及び輻輳機能に著しい障害を残すもの
		身体の機能に、労働が制限を受けるか、または労働に制限を加えることを必要とする程度の障害を残すもの

視野障害（ゴールドマン視野計）

令別表	障害の程度	障害の状態
国年令別表	1級	ゴールドマン型視野計による測定の結果、両眼のⅠ／4視標による周辺視野角度の和がそれぞれ80度以下かつⅠ／2視標による両眼中心視野角度が28度以下のもの
	2級	ゴールドマン型視野計による測定の結果、両眼のⅠ／4視標による周辺視野角度の和がそれぞれ80度以下かつⅠ／2視標による両眼中心視野角度が56度以下のもの
厚年令別表第1	3級	ゴールドマン型視野計による測定の結果、両眼のⅠ／4視標による周辺視野角度の和がそれぞれ80度以下に減じたもの
厚年令別表第2	障害手当金	ゴールドマン型視野計による測定の結果、Ⅰ／2視標による両眼中心視野角度が56度以下に減じたもの

視野障害（自動視野計）

令別表	障害の程度	障害の状態
国年令別表	1級	自動視野計による測定の結果、両眼開放視認点数が70点以下かつ両眼中心視野視認点数が20点以下のもの

令別表	障害の程度	障害の状態
国年令別表	2級	自動視野計による測定の結果、両眼開放視認点数が70点以下かつ両眼中心視野視認点数が40点以下のもの
厚年令別表第1	3級	自動視野計による測定の結果、両眼開放視認点数が70点以下に減じたもの
厚年令別表第2	障害手当金	自動視野計による測定の結果、両眼開放視認点数が100点以下に減じたもの
		自動視野計による測定の結果、両眼中心視野視認点数が40点以下に減じたもの

令和4年1月1日の障害認定基準改正

令和4年1月1日から、障害年金の審査に用いる眼の障害の障害認定基準が一部改正されました。

視力の障害認定基準においては、**「両眼の視力の和」から「良い方の眼の視力」による障害認定基準に変更**されました。

視野の障害認定基準においては、改正前のゴールドマン型視野計に基づく障害認定基準に加えて、**現在広く普及している自動視野計に基づく障害認定基準が創設**されました。また、求心性視野狭窄や輪状暗点といった症状による限定がなくなり、測定数値により障害等級が認定するようになりました。さらに、改正前の障害等級（2級・障害手当金）に加え、1級・3級の規定が追加されています。

2級または3級の障害年金を受給されている方については、改正により障害等級が上がり、障害年金額が増額となる可能性があります。

改正後も引き継がれる基準や、改正前の基準等が当分の間は適用されるケースがあるため注意する必要があります。

まとめ！

❶ 障害者手帳の等級と障害年金の眼の等級は異なる
❷ 視力は矯正後の視力で認定される
❸ 視力と視野障害両方ある場合は併合認定される

③ ①欄の傷病のためにはじめて医師の診療を受けた日を記入してもらう。診療録で確認できるときは、「診療録で確認」を○で囲んでもらう。確認できないときは、「本人の申立て」を○で囲み、申立年月日を記入してもらう

● 国民年金・厚生年金保険　診断書（眼の障害用）サンプル

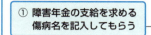

⑦「傷病が治っている場合」は、初診日から1年6カ月以内に、治療をしても回復の見込みがなく、その症状が変わらない状態となった場合、その日を記入してもらう

① 障害年金の支給を求める傷病名を記入してもらう

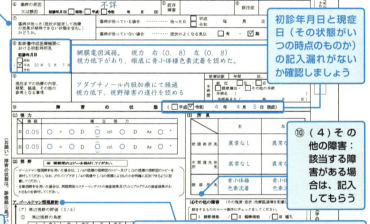

初診年月日と現症日（その状態がいつの時点のものか）の記入漏れがないか確認しましょう

⑩（4）その他の障害：該当する障害がある場合は、記入してもらう

⑩（2）視野障害がある場合、ゴールドマン型視野計を用いた場合はア．に、自動視野計を用いた場合はイ．に、それぞれ評価を記入するとともに、指定された視野図のコピーを添付してもらう

ア．ゴールドマン型視野計で測定する場合
（ア）に周辺視野の評価を、（イ）に中心視野の評価を記入してもらう。また、1/4の視標の視野図のコピー及び1/2の視標の視野図のコピーを添付してもらう

イ．自動視野計で測定する場合
（ア）に周辺視野の評価を、（イ）に中心視野の評価を記入。また、両眼開放エスターマンテストの検査結果及び10-2プログラムの検査結果がわかるものを添付してもらう

⑪ 現症時の日常生活活動能力だけでなく、労働能力についても必ず記入してもらう

⑫ 診断時に判断できない場合は、「不詳」と記入してもらう

⑬ 本人の状態について特記すべきことがあれば記入してもらう

149

[第4章] 診断書の種類別チェックポイントと注意点

05 血液・造血器・その他の障害用の診断書（様式第120号の7）を確認しよう

Point
1. 傷病別・部位別の診断書の**どれにもあてはまらないとき**に、この診断書を使用する
2. 自分の障害の認定に**関係のない項番は斜線**を引いてもらう
3. 障害の状態を記入するスペースはかぎられているが、**認定に必要な事項は漏れなく記入**してもらう

血液・造血器その他の障害用の診断書とチェックポイント

次の病気やケガの例はごく一部であり、認定基準に該当する病気やケガはすべて対象となります。

対象になる主な病気やケガ

血液・造血器疾患（再生不良性貧血、溶血性貧血、血小板減少性紫斑病（しはんびょう）、凝固因子欠乏症、白血病、悪性リンパ腫、多発性骨髄腫など）、悪性新生物（がん）、ヒト免疫不全ウィルス感染症による障害（HIV）、そのほか、障害認定基準「第1節　眼の障害」から「第17節　高血圧症による障害」にあてはまらない疾患（人工肛門、新膀胱、尿路変更術、腹部臓器・骨盤臓器の術後後遺症、臓器移植、遷延性植物状態、難病　など）

※ 部位別の診断書を使用することが適切でないと認められる場合にも、この診断書を用いることができる

種類の異なる病気やケガについて、ひとつの診断書で対応するようになっています。**それぞれ記入するスペースがかぎられているので、認定に必要な内容は医師に漏れなく書いてもらうようにしっかり伝えます**。主な病気やケガについて注意点・ポイントを見ていきましょう。

まめ知識　関係のない項番には斜線を引いてもらう

この診断書書式は、種類の異なる病気やケガについて、障害の程度が判断できるようになっているため、自分の病気やケガと関係ない項目があります。関係のない項目（記入の必要がない項目）に記入があった場合、認定側はその記載内容も参考に判断してしまう可能性があるので、自分の障害に関係のない欄は斜線で消してもらいましょう。

血液・造血器疾患による障害の認定方法

血液疾患は、検査の数値が認定に大きく影響するので、比較的、等級の見当がつけやすいです。障害認定基準 59頁参照 では、血液・造血器疾患を次の3つに区分しています。

血液・造血器疾患の分類
① 赤血球系・造血不全疾患（再生不良性貧血、溶血性貧血　など）
② 血栓・止血疾患（血小板減少性紫斑病、凝固因子欠乏症　など）
③ 白血球系・造血器腫瘍疾患（白血病、悪性リンパ腫、多発性骨髄腫　など）

上記の区分別に、臨床所見と検査所見のそれぞれの程度によって等級の目安が定められています。障害認定基準の「第14節　血液・造血器疾患による障害」で確認することができます。

血液・造血器疾患の障害で診断書を作成依頼する際のポイント

　血液・造血器疾患で請求する際は、「**診断書⑬　障害の状態**」を医師に漏れがないように書いてもらいましょう。

❶ 診断書⑬１　臨床所見

　（1）自覚症状と（2）他覚所見について、それぞれ（無・有・著）のいずれかに〇をつけてもらいます。自覚症状は、「易疲労感」「動悸」「息切れ」「発熱」「紫斑」「月経過多」「関節症状」の7つ、他覚所見は、「易感染性」「リンパ節腫張」「出血傾向」「血栓傾向」「肝腫」「脾腫」の6つです。

　目に見えない自覚症状は、医師に伝えて書いてもらいましょう。そのほか、頭痛、めまい、知覚異常、骨痛、疼痛などの自覚症状があれば、「⑬3　その他の所見」に書いてもらいましょう。

❷ 診断書⑬２　検査成績

　輸血や補充療法によって、**検査数値が一時的に改善する場合があったとしても、治療前の検査成績に基づいて判定する**ので、病状を適正に表している検査結果や数値を診断書に書いてもらいましょう。

❸ 診断書⑬２「治療状況」　造血幹細胞移植

　造血幹細胞移植を受けた場合の認定は、術後の症状、「移植片対宿主病（GVHD）」の有無およびその程度、治療経過、検査成績およびどの程度回復するかなどを十分に考慮して、総合的に認定されます。そのため造血幹細胞移植の有無だけでなく、それに伴う合併症や後遺症、それらの症状によって日常生活にどのように支障が出ているのか、「所見」の欄に書いてもらいます。

悪性新生物（がん）の診断書とチェックポイント

❶ がんの障害で、この診断書を用いるときの注意点

年金事務所などに相談に行った際、がんの場合、この**様式第120号の7の診断書**を案内されます。

ただし、がんの症状から明らかな機能障害がある場合や、治療の結果として外部障害がある場合、この診断書ではなく、**部位別・傷病別の診断書**を用いることもあります。たとえば、**脳腫瘍手術で高次脳機能障害があるときは「精神の障害用（様式第120号の7）」を、骨転移による足の障害で歩行困難になった場合「肢体の障害用（様式第120号の3）」**を用います。併合認定 62頁参照 により上位等級になるような場合は、複数枚提出することも検討します。

❷ がんによる障害の認定基準のポイント

外部障害や異常検査所見がある場合、それぞれ該当する部位の認定要領により障害の程度を判定されます。そのほかがんによる衰弱や機能障害では、診断書⑫の一般状態区分が認定において非常に重要になります。

● 一般状態区分表（診断書⑫の項目と同じ）

区分	一 般 状 態
ア	無症状で社会活動ができ、制限を受けることなく、発病前と同等にふるまえるもの
イ	軽度の症状があり、肉体労働は制限を受けるが、歩行、軽労働や座業はできるもの。たとえば、軽い家事、事務など
ウ	歩行や身のまわりのことはできるが、時に少し介助が必要なこともあり、軽労働はできないが、日中の50％以上は起居しているもの
エ	身のまわりのある程度のことはできるが、しばしば介助が必要で、日中の50％以上は就床しており、自力では屋外への外出等がほぼ不可能となったもの

（次頁に続く）

区分	一般状態
オ	身のまわりのこともできず、常に介助を必要とし、終日就床を強いられ、活動の範囲がおおむねベッド周辺にかぎられるもの

参考 「国民年金・厚生年金保険 障害認定基準」の悪性新生物による障害の部分

　上記の表から障害の程度（下表）を認定しますが、あくまでも目安でしかありません。**実際の認定は、組織所見とその悪性度、一般検査および特殊検査、画像検査などの検査成績、転移の有無、病状の経過と治療効果などを参考にして、具体的な日常生活状況を踏まえて総合的に認定**されます。

● **各等級に相当すると認められる障害の状態**

障害の程度	障害の状態
1級	著しい衰弱または障害のため、一般状態区分表のオに該当するもの
2級	衰弱または障害のため、一般状態区分表のエまたはウに該当するもの
3級	著しい全身倦怠のため、一般状態区分表のウまたはイに該当するもの

参考 「国民年金・厚生年金保険 障害認定基準」の悪性新生物による障害の部分

悪性新生物（がん）の診断書の作成を依頼するポイント

　がんの障害でこの診断書を用いる場合、「⑮その他の障害」を医師に漏れがないように書いてもらいます。「(1) 自覚症状」について、目に見えない自覚症状は医師に伝えて書いてもらいましょう。なお、がんにおいては疼痛も認定の対象とされています。⑯の労働能力、日常生活活動能力は認定において重要な項番になります。

　日ごろの通院・診察の中で、日常生活状況まで伝えきれていないときは、**医師に診断書を依頼する際に、日常生活の様子を具体的にまとめた文書やメモを渡すのもひとつの方法**です。がんの認定では「⑰予後」も重要になります。その時点の医師の判断を書いてもらいましょ

う。判断がつかない場合は「不詳」と書いてもらっても大丈夫です。

がんで人工臓器の造設をした場合

がんで人工肛門や人工膀胱になるケースも少なくありません。その場合、その治療の事実を持って3級に認定されます。そのため、**当然3級と思われがちですが、状況によっては、さらに上位等級に認定されることもある**ので、そのほかの症状、障害がある場合は、医師に伝えて書いてもらいましょう。

またこれらのケースは障害認定日の例外に該当するため、認定日請求するときは、診断書の「現症日（その状態がいつの時点のものか）」に注意しましょう（初診日から起算して1年6月を超える場合を除く。障害認定日の例外については、 60頁参照 ）。

この診断書を用いる「その他の障害」とは？

「その他の障害用の診断書（様式第120号の7）」の「その他の障害」には、どのようなものがあるのでしょうか。**障害認定基準** 59頁参照 **には、傷病（病気やケガ）別・部位別に「第1節　眼の障害」から「第17節　高血圧症による障害」まで認定基準が定められていますが、「その他の障害」は、ここにあてはまらない病気やケガのこと**です。たとえば、臓器移植、遷延性植物状態、難病などです。

遷延性植物状態（遷延性意識障害）で請求する場合

遷延性植物状態の定義で認められた状態の場合、「通常の日常生活ができない」として、障害年金1級に認定されます。

障害認定日は、その障害の状態に至った日から3カ月を経過した日以後に、医学的観点から機能回復がほとんど望めないと認められるときです。 そのため、障害認定日の例外で請求する場合は、その旨を書いてもらう必要があります。遷延性植物状態での請求は、「その他の障害用の診断書」のほか、「肢体の障害用の診断書」を用いる場合もあり

ます。

このように複数の診断書のうち、どちらの診断書がより適切に障害の状態を伝えられるか迷ったら、それぞれの診断書を医師に直接見てもらい相談してみましょう。

認定困難とされる４つの疾患

下表の４つの疾患は、認定が困難な疾患とされています。障害年金を請求する際には、下記のように別途添付する照会書式があったり、診断書に記載してもらう具体的な事項について指示があるので、診断書を依頼する前に年金事務所などで確認しましょう。

認定困難とされる病気やケガの名と用いる診断書	請求するときの注意点
化学物質過敏症 その他の障害用（様式第120号の7）	別途症状などについての照会書式がある。診断書と一緒に医師に記載してもらい提出する
線維筋痛症 肢体の障害用（様式 第120号の3）	診断書⑨「現在までの治療の内容、期間、経過、その他参考となる事項」欄に、重症度分類試案のステージのいずれに該当するか記載してもらう
慢性疲労症候群 その他の障害用（様式第120号の7）	診断書⑨「現在までの治療の内容、期間、経過、その他参考となる事項」欄に、厚生省研究班の重症度分類PS（パフォーマンス・ステータス）のいずれに該当しているか記載してもらう
脳脊髄液減少症（脳脊髄液漏出症） 肢体の障害用（様式 第120号の3） ※その他の障害用（様式第120号の7）の診断書で請求することもできる	診断書㉑「その他の精神・身体の障害の状態」欄に、日中の臥位時間（起床から就床までの起きている間、何時間横になってすごしているか）を記載してもらう

これらは、ほかの病気やケガに比べ、認定の事例が少なく、また診断書を書き慣れている医師も多くありません。障害年金の請求準備がスムーズに進まないときは、社会保険労務士に相談してみてください。

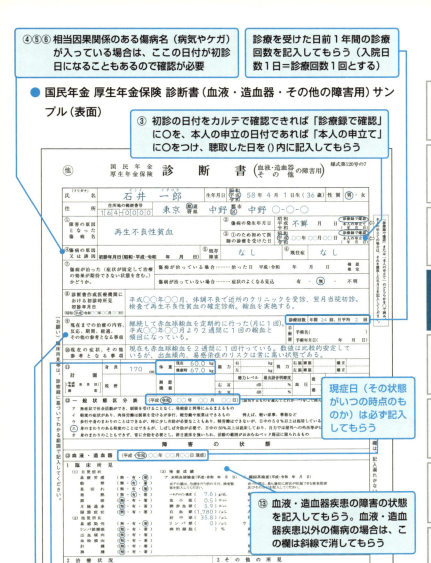

(次頁に続く) 157

● 国民年金 厚生年金保険 診断書（血液・造血器・その他の障害用）サンプル（裏面）

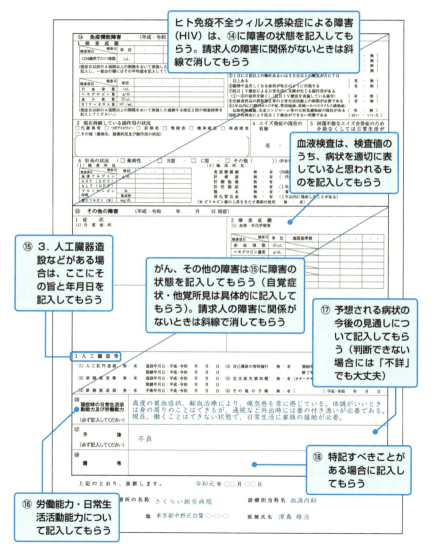

[第4章] 診断書の種類別チェックポイントと注意点

06 循環器疾患の障害用の診断書（様式第120号の6-(1)）を確認しよう

Point
1. 心疾患の検査は特殊で数も多い
2. 心臓ペースメーカーやICDの装着は原則3級、ほかの状態によっては上位等級になることもある
3. 高血圧症の合併症で循環器以外の症状がある場合は、ほかの病気やケガ・部位別の診断書も依頼する

循環器疾患の障害用の診断書とチェックポイント

　この診断書を使用するのは、心疾患、血管を含む循環器疾患、高血圧症による障害です。対象になるのは、「ペースメーカー」「大動脈弁膜症」「狭心症」「心筋梗塞」「難治性不整脈」「先天性心疾患」「肺血栓塞栓症」「肺動脈性肺高血圧症」「悪性高血圧症」などです。

　障害認定基準では、心疾患による障害を次のように6区分に分類しています。その区分ごとに認定要領が定められているので、診断書を依頼する前に、障害認定基準 59頁参照 「第11節　心疾患による障害」を確認しておきましょう。

---

1. 弁疾患　　2. 心筋疾患　　3. 虚血性心疾患（心筋梗塞、狭心症）
4. 難治性不整脈　　5. 大動脈疾患　　6. 先天性心疾患

　高血圧症による障害の程度については、合併症の有無や年齢、原因（症状はあっても原因が明らかではない場合やある病気に関連して発生した場合も含む）なども考慮して認定されます。

159

障害認定基準 59頁参照 「第17節　高血圧症による障害」で、具体的な認定要領が確認できます。**「高血圧症」は障害年金の対象になりますが、「高血圧」では認定の対象になりません。**

循環器疾患の障害用の診断書の作成依頼をするポイント

心疾患の種類、高血圧症の区分ごとに障害の状態を書く書式になっています。該当する項目にもれなく書いてもらい、本人の状態に無関係な欄は斜線を引いてもらいましょう。

❶ 診断書⑪1 臨床所見

（1）自覚症状と（2）他覚所見について、それぞれ（無・有・著）のいずれかに〇をつけてもらいます。自覚症状は、「動悸」「呼吸困難」「息切れ」「胸痛」「咳」「痰」「失神」の7つ、他覚所見は、「チアノーゼ」「浮腫」「頸静脈怒張」「ばち状指」「尿量減少」「器質的雑音」の6つです。

目に見えない自覚症状は、医師に伝え、ほかにも、倦怠感、夜間多尿といった自覚症状があれば、「5　その他の所見」に書いてもらいます。

❷ 診断書⑪2 一般状態区分表

ア～オの中で該当するものをひとつ選んで〇をつけてもらいます。この一般状態区分は認定する際に非常に重要な項目です。

● **一般状態区分表（診断書⑪2の項目と同じ）**

区分	一般状態
ア	無症状で社会活動ができ、制限を受けることなく、発病前と同等にふるまえるもの
イ	軽度の症状があり、肉体労働は制限を受けるが、歩行、軽労働や座業はできるもの。たとえば、軽い家事、事務など
ウ	歩行や身のまわりのことはできるが、時に少し介助が必要なこともあり、軽労働はできないが、日中の50％以上は起居しているもの

区分	一　般　状　態
エ	身のまわりのある程度のことはできるが、しばしば介助が必要で、日中の50％以上は就床しており、自力では屋外への外出等がほぼ不可能となったもの
オ	身のまわりのこともできず、常に介助を必要とし、終日就床を強いられ、活動の範囲がおおむねベッド周辺にかぎられるもの

区分	身体活動能力
ア	6 Mets 以上
イ	4 Mets 以上 6 Mets 未満
ウ	3 Mets 以上 4 Mets 未満
エ	2 Mets 以上 3 Mets 未満
オ	2 Mets 未満

※ 上記区分を身体活動能力にあてはめるとおおむね左の表のとおりとなる。Mets とは、代謝当量をいい、安静時の酸素摂取量（3.5ml／kg 体重／分）を1 Mets として活動時の酸素摂取量が安静時の何倍かを示す

参考　「国民年金・厚生年金保険　障害認定基準」の心疾患による障害の部分

③ 診断書⑪4 検査所見

　血液検査（BNP値）、心電図、心エコー図、胸部X線、心カテーテル検査など、検査の結果を該当する個所に、それぞれ、いつ検査したものか年月日も忘れずに書いてもらいます。

　心疾患の検査で、異常検査所見は次の9つに分類されています。

区分	異　常　検　査　所　見
A	安静時の心電図において、0.2mV以上のSTの低下もしくは0.5mV以上の深い陰性T波（aVR誘導を除く。）の所見のあるもの
B	負荷心電図（6Mets 未満相当）などで明らかな心筋虚血所見があるもの
C	胸部X線上で心胸郭係数60％以上または明らかな肺静脈性うっ血所見や間質性肺水腫のあるもの
D	心エコー図で中等度以上の左室肥大と心拡大、弁膜症、収縮能の低下、拡張能の制限、先天性異常のあるもの
E	心電図で、重症な頻脈性または徐脈性不整脈所見のあるもの
F	左室駆出率（EF）40％以下のもの
G	BNP（脳性ナトリウム利尿ペプチド）が200pg/ml 相当を超えるもの

（次頁に続く）

区分	異常検査所見
H	重症冠動脈狭窄病変で左主幹部に50％以上の狭窄、あるいは、3本の主要冠動脈に75％以上の狭窄を認めるもの
I	心電図で陳旧性心筋梗塞所見があり、かつ今日まで狭心症状を有するもの

※ 原則、異常検査所見があるものは、心電図などを提出する
参考 「国民年金・厚生年金保険　障害認定基準」の心疾患による障害の部分

❹ 診断書⑫ 1〜8 疾患別所見

診断書⑫1〜8までの項目には、障害の程度・状態について書いてもらいます。それぞれいつの時点でのものか、いつの値か、年月日を記載する個所があるので忘れずに書いてもらいましょう。関係のない欄は斜線を引いてもらいます。

> 等級の目安　障害認定基準では、一般状態区分診断書⑪2（ア〜オ）がどこなのか、検査所見（異常所見）がいくつあるかによって、それぞれの等級の目安が書かれている。どの病気やケガでも、どの診断書でも同じですが、障害認定基準に記載されている等級は目安であり、治療および病状の経過、日常生活能力なども参考に、総合的に認定される。心血管疾患が重複している場合は、客観的所見に基づいた日常生活能力などの程度を十分考慮して総合的に認定される。

❺ 診断書⑫ 6 重症心不全

心臓移植や人工心臓などを装着した場合は、その事実をもって障害等級が明示されています。ただしこれは術後の認定であり、**1〜2年程度経過観察したうえで症状が安定しているときは、臨床症状、検査成績、一般状態区分表を勘案し、障害等級は再認定されます。**

> 心臓移植　1級　　人工心臓　1級
> CRT（心臓再同期医療機器）2級
> CRT-D（除細動器機能付き心臓再同期医療機器）2級

人工弁・心臓ペースメーカー・ICDを装着した場合

人工弁・心臓ペースメーカー・ICDを装着した場合は3級に認定されます。そのため当然3級と思われがちですが、状況によっては、さらに上位等級に認定されることもあります。認定要領と自分の障害の状態を確認しましょう。

また上記の心臓移植や医療機器の装着による認定は、障害認定日の例外に該当します　61頁参照　。障害認定日（障害の程度を認定する時期）は、移植・装着した日とされているので、認定日請求するときは、診断書の「現症日」（その状態がいつの時点のものか）に注意します（初診日から起算して1年6カ月を超える場合を除く）。

単なる高血圧のみでは障害年金の認定の対象になりません。

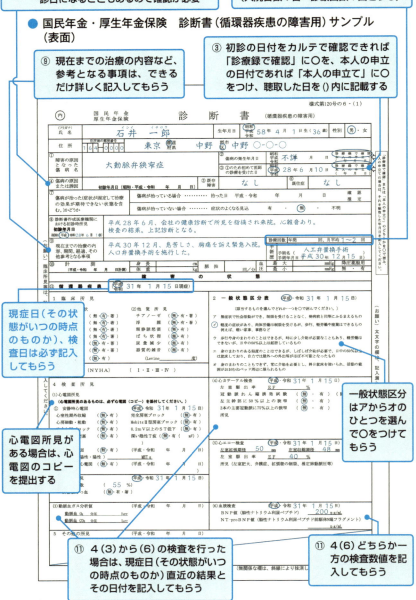

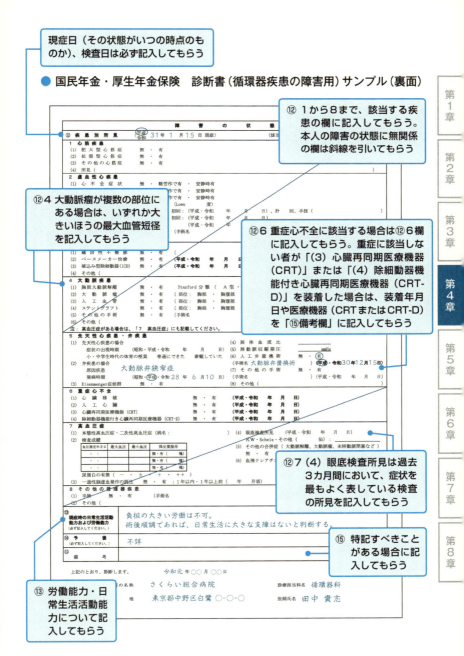

[第4章] 診断書の種類別チェックポイントと注意点

07 呼吸器疾患の障害用の診断書（様式第120号の5）を確認しよう

Point
1. 呼吸器の診断書を使用するのは、肺疾患だけではない
2. 肺結核症、じん肺、気管支喘息については、それぞれ等級の目安が障害認定基準に記載されている
3. 胸部X線所見に異常がある場合は、X線フィルムの提出が必要

呼吸器疾患の障害用の診断書を使う病気やケガは？

この診断書を使用するのは、気管支喘息、肺結核、じん肺、肺がん、間質性肺炎、慢性閉塞性肺疾患などです。

対象になるのは肺疾患だけでなく、心血管系異常、神経・筋疾患、中枢神経系異常など多岐にわたります。

障害認定基準において呼吸器疾患の認定要領は、次の3つの区分に分類されています。

1. 肺結核　　2. じん肺　　3. 呼吸不全

肺がんによる請求の場合、呼吸器に影響があって日常生活に支障があれば、この「様式第120号の5」の診断書を医師にお願いします。著しい倦怠感や体力低下、衰弱などが主な症状で、「その他の診断書（様式第120号の7）」のほうが適切に障害の状態が伝わるのであれば、そちらを使用します。

呼吸器疾患の障害用の診断書とチェックポイント

❶ 呼吸器疾患の診断書の作成を依頼するポイント

呼吸器疾患の人の中には、何年も前に初診日があったり、以前の病気やケガとの因果関係の有無など、初診日の特定に迷うことがあるかもしれません。診断書④〜⑥に記載がある場合、その病名によってはその受診が初診日になることもあるので（第2章 47頁参照）、注意してください。

障害の程度は、自覚症状、他覚所見、検査成績（胸部Ｘ線所見、動脈血ガス分析値など）、一般状態区分、治療および病状の経過、年齢、合併症の有無および程度、具体的な日常生活状況などにより総合的に認定されます。

❷ 診断書⑩2 胸部Ｘ線所見

（1）から（7）まで該当する程度に〇をつけてもらいます。異常の所見がある場合はＸ線フィルムの提出を求められます。医療機関によっては依頼すると画像データをＣＤでくれるところもありますが、年金機構はＣＤでは受けつけてくれません。その場合は印刷したものを提出します。

❸ 診断書⑩3 一般状態区分表

ア〜オの中で該当するものをひとつ選んで〇をつけてもらいます。この一般状態区分は認定する際に非常に重要な項目です。病名によっては、等級の決定に大きく影響します。

● **一般状態区分表**（診断書⑩3の項目と同じ）

区 分	一 般 状 態
ア	無症状で社会活動ができ、制限を受けることなく、発病前と同等にふるまえるもの

（次頁に続く）

区分	一般状態
イ	軽度の症状があり、肉体労働は制限を受けるが、歩行、軽労働や座業はできるもの。たとえば、軽い家事、事務など
ウ	歩行や身のまわりのことはできるが、時に少し介助が必要なこともあり、軽労働はできないが、日中の50％以上は起居しているもの
エ	身のまわりのある程度のことはできるが、しばしば介助が必要で、日中の50％以上は就床しており、自力では屋外への外出等がほぼ不可能となったもの
オ	身のまわりのこともできず、常に介助を必要とし、終日就床を強いられ、活動の範囲がおおむねベッド周辺にかぎられるもの

参考 「国民年金・厚生年金保険 障害認定基準」の呼吸器疾患による障害の部分

4 診断書⑩4 臨床所見

(1) 自覚症状と (2) 他覚所見について、それぞれ（無・有・著）のいずれかに〇をつけてもらいます。自覚症状に関しては、事前に医師に伝えて書いてもらいましょう。診断書を受け取ったら、医師の認識と本人や家族と認識が違うところがないか確認し、違う点があれば医師に聞いてみましょう。

5 診断書⑩5・6・7 呼吸不全

診断書⑩5の呼吸不全の程度を選んで〇をつけてもらいます。

呼吸不全の障害の程度を判断するのに重要な項目は、診断書⑩6の予測肺活量1秒率、診断書⑩7の動脈血ガス分析値といった検査成績の数値が、認定基準の目安のひとつになります。これらの数値と診断書⑩3の一般状態区分表（ア〜オ）が等級に大きく影響します。診断書の作成を依頼する際は、自覚症状や日常生活状況などを医師にしっかり伝えたうえで書いてもらいましょう。

等級の目安となる動脈血ガス分析値と予測肺活量の異常の程度は次頁のA表とB表のとおりです。

● A表 動脈血ガス分析値の異常の程度

区分	検査項目	単位	軽度異常	中等度異常	高度異常
1級	動脈血O₂分圧	Torr	70〜61	60〜56	55以下
2級	動脈血CO₂分圧	Torr	46〜50	51〜59	60以上

参考 「国民年金・厚生年金保険 障害認定基準」の呼吸器疾患による障害の部分

● B表 予測肺活量1秒率の異常の程度

検査項目	単位	軽度異常	中等度異常	高度異常
予測肺活量1秒率	％	40〜31	30〜21	20以下

参考 「国民年金・厚生年金保険 障害認定基準」の呼吸器疾患による障害の部分

● 呼吸不全による各等級の障害の状態の目安

障害の程度	障害の状態
1級	上記の2つの表の検査成績が、高度異常を示すもので、かつ、一般状態区分表のオに該当するもの
2級	上記の2つの表の検査成績が、中等度異常を示すもので、かつ、一般状態区分表のエまたはウに該当するもの
3級	上記の2つの表の検査成績が、軽度異常を示すもので、かつ、一般状態区分表のウまたはイに該当するもの

参考 「国民年金・厚生年金保険 障害認定基準」の呼吸器疾患による障害の部分

6 診断書⑪〜⑬ 肺結核症、じん肺、気管支喘息

　障害認定基準では、特別な取り扱いを要する呼吸器疾患として、肺結核、じん肺、気管支喘息が挙げられていて、それぞれ等級の目安となる障害の状態が明記されています。

　診断書でも、肺結核症、じん肺、気管支喘息については、⑪⑫⑬にそれぞれ認定基準に対応する状態が書けるようになっているので、これらの病名で請求する際は、該当する項目に障害の状態を書いてもらいます。

7 　診断書⑩7　在宅酸素療法

　常時（24時間）在宅酸素療法が必要な人で、簡単な労働以外はできない人は原則3級に認定されます。この状態は、診断書⑩7（1）に書かれた内容と、⑩3の一般状態区分で判断されます。臨床症状、検査成績および具体的な日常生活状況などによっては、さらに2級以上に認定されることもあるので、⑩で伝えきれないこと（日常生活状況、日常生活への支障など）があれば、⑮「現症時の日常生活活動能力及び労働能力」に具体的に書いてもらいましょう。

　在宅酸素療法の場合、障害認定日（障害の程度を認定する時期）は、在宅酸素療法を開始した日になります（初診日から起算して1年6カ月を超える場合を除く）。診断書の現症日（その状態がいつの時点のものか）にも注意してください。

自分の検査所見が認定基準に該当しているか判断が難しいときは、「障害認定基準」 59頁参照 をコピーして主治医に尋ねてみましょう。

まとめ！

❶ 呼吸器の診断書を使用するのは肺疾患だけでなく、心血管系異常、神経、筋疾患、中枢神経系異常など多岐にわたる
❷ 常時、在宅で酸素療法をしていて、労働に支障がある場合は原則3級になるが、症状や日常生活状況によっては上位等級になることもあるので、自覚症状や日常生活への支障を診断書に具体的に書いてもらう
❸ 胸部X線所見に異常がある場合は、X線フィルムの提出が必要。CD（画像データ）での提出は受けつけてもらえないので、医療機関からCDでもらった場合は印刷したものを提出する

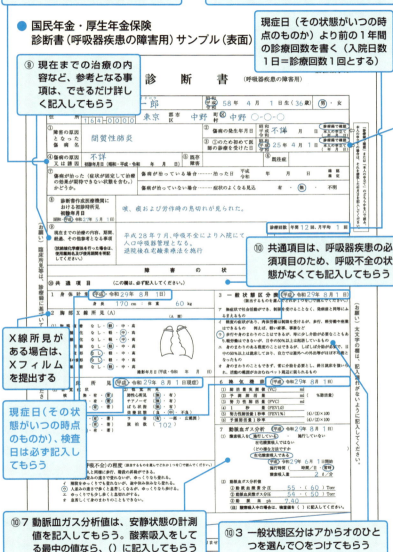

● 国民年金・厚生年金保険　診断書（呼吸器疾患の障害用）サンプル（裏面）

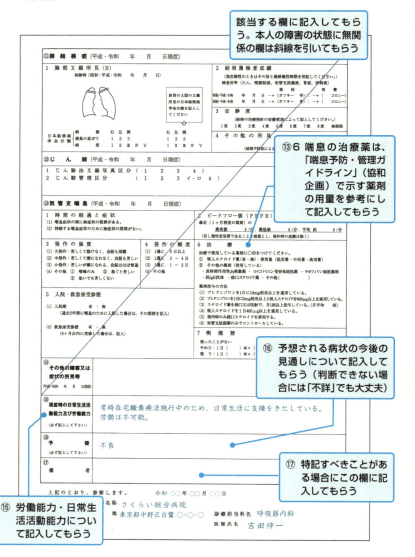

[第 4 章] 診断書の種類別チェックポイントと注意点

08 聴覚・鼻腔機能・平衡機能・そしゃく・嚥下・音声または言語機能の障害用の診断書（様式第120号の2）を確認しよう

Point

❶ それぞれの障害の程度を評価する欄が小さく、書ける内容がかぎられる

❷ 高次脳機能障害、脳梗塞などで失語症の症状もある場合は、この診断書も検討する

❸ 平衡機能の障害は、この診断書でも肢体の障害の診断書でもかまわない

この診断書を用いる傷病例

この診断書を使用するのは、主に耳・鼻・口に関する障害の際に使用します。さまざまな病気やケガ、疾患で使用されますが、一部例示すると次のとおりです。

- 聴覚の障害（感音性難聴、突発性難聴、髄膜炎　など）
- 鼻腔機能の障害（外傷による欠損　など）
- 平衡機能の障害（メニエール病、脳血管疾患、脳腫瘍による障害　など）
- そしゃく・嚥下機能障害（咽頭摘出、喉頭摘出　など）
- 音声または言語機能の障害（咽頭がん、喉頭がん、筋萎縮性側索硬化症（ALS）　など）

病名に関わらず、症状や障害がこの診断書で適切に伝えられるのであれば、この診断書で医師に書いてもらいます。聴力、嚥下機能、言語機能の障害は、それぞれ認定基準が定められているので、自分の請求傷病の認定要領を確認し、医師に診断書を依頼しましょう。

聴覚の障害用の診断書とチェックポイント

❶ 聴覚の診断書の記入依頼をする際のポイント

　聴覚の障害は 診断書⑩（1） に書いてもらいます。聴力の認定は補聴器、人工内耳を使用しない状態で測定した数値で判断します。
　等級の目安になる具体的な基準数値は、障害認定基準 59頁参照 で事前に確認しておきましょう。
　聴力レベルの算出方法や検査種類については、診断書に「記入上の注意」がついているので、診断書を依頼する際に切り離さず渡してください。聴覚・聴力の障害者で、平衡機能や音声・言語にも症状・障害がある場合は、該当する項目も書いてもらいましょう。

❷ 聴覚の障害の認定基準の目安

等　級	障　害　の　状　態
1級	両耳の聴力レベルが100デシベル以上
2級	両耳の聴力レベルが90デシベル以上
	両耳の聴力レベルが80デシベル以上で、かつ最良語音明瞭度が30％以下
3級	両耳の聴力レベルが70デシベル以上
	両耳の聴力レベルが50デシベル以上で、かつ最良語音明瞭度が50％以下
障害手当金	片方の耳の聴力レベルが80デシベル以上

　参考　「国民年金・厚生年金保険　障害認定基準」の聴覚の障害の部分

平衡機能の障害用の診断書とチェックポイント

❶ 平衡機能の診断書の記入依頼をする際のポイント

　平衡機能の障害もこの「様式120号2」の診断書を用いることができます。**内耳性のものでも脳性のものでも、原因は問われません。**
　「肢体の障害の診断書（様式第120号3）」にも、平衡機能について書く項目があり、そのほかの症状や書かれた内容から「肢体の障害の診断書」のほうがより適切に障害の状態が伝えられるのであれば、そちらの診断書を用いてもかまいません。
　肢体の障害と併発している場合は、様式120号の3（肢体の障害用診断書）を使います。
　平衡機能の障害の程度は、 診断書⑩（3） の「ア　閉眼での起立・立位保持の状態」「イ　閉眼で直線10ｍ歩行の状態」「ウ　自覚症状・他覚所見及び検査所見」で判定されます。
　障害の程度は、障害認定基準に記載されています。各等級の目安をまとめると次のようになります。

❷ 平衡機能の障害の認定基準の目安

等級	障害の状態
2級	両目を閉じて立ち上がり、立っていることができない。または直線10メートルを、転倒したりよろめいたりして歩き通すことができない程度
3級	両目を閉じて立ち上がり、立っていることが不安定で、直線10メートルを多少よろめきながらもどうにか歩き通すことができる程度
障害手当金	めまいの自覚症状が強く、平衡機能検査に異常所見があり、労働に支障がある程度（症状固定・治癒していなければ3級）

参考　「国民年金・厚生年金保険　障害認定基準」の平衡機能の障害の部分

そしゃく・嚥下機能の障害用の診断書とチェックポイント

❶ そしゃく・嚥下機能の障害用の診断書を依頼する際のポイント

そしゃく・嚥下機能の障害は、食物の摂取が困難な場合、あるいは誤嚥の危険が大きい場合とされています。歯、顎、舌、口唇、口蓋、頬、咽頭、喉頭、食道など、障害の原因はさまざまです。

そしゃく・嚥下機能の障害の程度は、 診断書⑩（4） の「ア 機能障害」「イ 栄養状態」「ウ 食事内容」で判定されます。「ウ 食事内容」については、「制限がない」から「閉口的に食べ物を摂取することができない」まで7段階の評価になっていて、該当するものに○をつけてもらいます。普段の食事の様子について事前に医師に具体的に伝えておきましょう。

障害の程度は、障害認定基準に記載されています。各等級の目安をまとめると次のようになります。

❷ そしゃく・嚥下機能の障害の認定基準のポイント

等　級	障　害　の　状　態
2 級	流動食以外は口から摂取できない。または、1日の大半を食事に費やさなければならない程度
3 級	全粥または軟菜以外は摂取できない程度
障害手当金	ある程度の常食は摂取できるが、そしゃく・嚥下が十分できないため、食事が制限される程度

そしゃく機能と嚥下機能の両方に障害がある場合、併合認定はせず、総合的に認定されます。

音声または言語機能の障害用の診断書とチェックポイント

❶ 音声または言語機能の診断書の記入依頼をする際のポイント

音声・言語機能の障害は、次の3つに区分されます。いずれも、**会話による意思疎通にどの程度支障があるかが認定のポイントです。**

> **❶ 構音障害または音声障害** あご、舌、口唇、のど、気管などの障害により、うまく言葉を発することができない状態
> **❷ 失語症** 脳腫瘍・脳血管疾患などによる言語機能の障害（言葉が思い出せない。理解に時間がかかる。読み書きに支障があるなど）
> **❸ 聴覚障害による障害** 先天性や中途の聴覚障害によって、発声・発音がうまくできない状態

❷ 構音障害、音声障害または聴覚障害による障害

　構音障害、音声障害または聴覚障害による障害については、発音不能な語音（ごおん）をひとつの参考として評価されます。具体的には、次の4種について「発音できるか」「一部発音できるか」「発音不能か」の3段階で、それぞれ該当するものに○をつけてもらいます。

　「語音発語明瞭度検査」などの結果も参考に確認されるので、検査結果があれば書いてもらいましょう。

> ❶ 口唇音（ま行音、ぱ行音、ば行音　など）
> ❷ 歯音、歯茎音（さ行、た行、ら行　など）
> ❸ 歯茎硬口蓋音（しゃ、ちゃ、じゃ　など）
> ❹ 軟口蓋音（か行音、が行音　など）

❸ 失語症

　失語症の評価については、音声言語の表出および理解の程度について確認されます。具体的な記載は、単語、短文、長文それぞれについて、理解できるかどうか4段階で○をつけてもらいます。

　失語症の症状として、**文字言語（読み書き）にも支障がある場合にはその症状も勘案され、総合的に認定されるので、その旨も診断書に書いてもらいます。**また「標準失語症検査」などの結果があれば、書いてもらいましょう。

④ 音声または言語機能の障害の認定基準の目安

等級	障害の状態
2級	発音機能を喪失している。または、話すことや聞いて理解することのどちらかまたは両方ができず、日常会話が誰とも成立しない程度
3級	話すことや聞いて理解することのどちらかまたは両方に支障があり、日常会話が、互いに内容を推論したり、たずねたり、見当をつけることで部分的に成り立つ程度
障害手当金	話すことや聞いて理解することのどちらかまたは両方に一定の制限があり、日常会話が互いに確認することである程度成り立つ程度

参考　「国民年金・厚生年金保険　障害認定基準」の音声または言語機能の障害の部分

「音声または言語機能の障害」と「そしゃく・嚥下機能の障害」が併存する場合は、併合認定の取り扱いになります。

⑤ 喉頭全摘出のケース

　喉頭全摘出手術をして、発音に関わる機能を喪失したものについては、原則2級と判定されます。この場合、障害認定日（障害の程度を認定する時期）は、「喉頭全摘出手術をした日」になります（初診日から起算して1年6カ月を超える場合を除く）。障害認定日請求する際は、診断書の現症日（いつの時点の状態か）に注意してください。

まとめ！

① 鼻腔機能障害、平衡機能障害、そしゃく・嚥下機能障害については、障害の程度を評価する欄が小さく、書ける内容もかぎられるので、認定に必要な事柄はしっかり落とし込んでもらう

② 高次脳機能障害や脳梗塞などで失語症の症状も障害の程度に該当する場合は、精神の障害、手足・体の障害などと併合認定になる

③ 平衡機能の障害で請求するときは、この診断書もしくは「肢体の障害の診断書（様式第120号3）」を使用する。そのほかの症状や記載内容からどちらの診断書を使用するかを検討する

④ 鼻の障害は、外傷などの欠損により鼻呼吸障害があるもののみ認定の対象となり、臭覚脱失は対象にならない

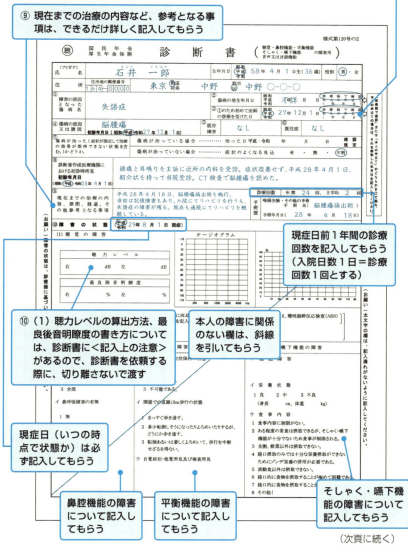

● 国民年金・厚生年金保険 診断書（聴覚・鼻腔機能・平衡感覚・そしゃく・嚥下・音声または言語機能の障害用）サンプル（裏面）

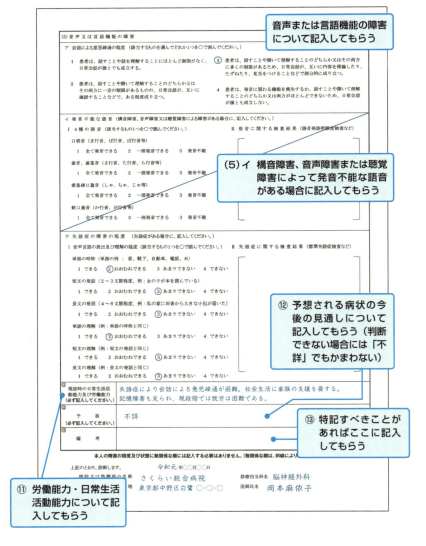

第5章 障害年金をもらえることが決まったあとにすること

支給決定されたあとの確認事項、手続き・届出の流れを把握しましょう

障害年金の審査が終わると、自宅に「決定通知」が届きます。決定通知書の種類には、「年金決定通知書(国民年金・厚生年金保険年金証書)」「不支給決定通知書」「却下決定通知書」があります。

支給決定された場合に届く「年金決定通知書(国民年金・厚生年金保険年金証書)」には、重要な情報が記載されています。

受給決定通知が届いたらやる必要な手続きと届出

✓	確認事項・手続き・届出	内容	参照頁
✓	年金証書の内容を確認	等級・年金額・次回更新年月の確認	182
✓	初回年金振込日の確認	初回に振り込まれる金額とタイミングを確認	186
✓	国民年金保険料の法定免除	国民年金保険料免除の届出と注意点	188
✓	更新・障害状態確認届	定期的な障害状態確認届(診断書)の提出	193
✓	額改定請求手続き	途中で障害状態が悪化した場合に請求	196
✓	支給停止・支給停止消滅届	年金が支給停止・停止解除される場合	202
✓	扶養家族ができた場合の届出	障害給付加算額・加給年金額加算開始事由該当届の提出	205

[第5章] 障害年金をもらえることが決まったあとにすること

01 年金決定通知書（国民年金・厚生年金保険年金証書）の内容を確認しよう

> **Point**
> ❶ 決定通知書には、年金決定通知書（国民年金・厚生年金保険年金証書、以下：年金証書）、不支給決定通知書、却下決定通知書がある
> ❷ 年金決定通知書（年金証書）には、年金額、障害等級、診断書の種類、次回診断書提出年月といった重要な情報が記載されている

年金決定通知書と不支給決定通知書・却下決定通知書

　障害年金の裁定請求書提出後は、順調に進むと3〜4カ月後に、日本年金機構から提出時に登録した住所宛に郵便で決定通知書が届きます。決定通知書には、「年金決定通知書（年金証書）」「不支給決定通知書」「却下決定通知書」があります。

　不支給決定通知書と却下決定通知書は、薄手のA4用紙となります。不支給決定通知書、却下決定通知書が送られてきた場合には、第6章を参照してください。**年金決定通知書（年金証書）は厚手のカラー用紙**です。

年金決定通知書（年金証書）が送付された場合

　年金証書には年金額、障害等級、診断書の種類、次回診断書提出年月などの重要な情報が記載されているので、しっかり確認しましょう。障害認定日と請求日とで等級が異なる場合、年金支払通知書と年金決定通知書（年金証書）、支給額変更通知書が届きます　187頁参照　。

認定日請求した場合に一部が支給・不支給決定の場合

「認定日（遡及請求）」が不支給、「請求日（事後重症請求）」が支給の場合は、請求日の年金決定通知書（年金証書）と認定日の不支給決定通知書が届きます。

また、現在は症状が軽くなり、等級の程度に該当しない場合は、認定日（遡及請求）の年金決定通知書（年金証書）と請求日の不支給決定通知書が送付されます。**請求日は支給停止 202頁参照 となり、将来に向かっての支給はありません。**

不支給決定通知書が送付された場合

審査の結果、障害の程度が「障害等級に該当する障害の程度」より軽い場合に、不支給決定通知書が届きます 209頁参照 。

却下通知書が送付された場合

障害等級の審査まで行かずに、保険料の納付要件を満たしていなかったり、初診日の確定ができなかったりする場合に、却下通知書が届きます。

不支給決定通知書が届いたら、しっかり内容を確認しましょう。通知を読んでもよくわからない場合は、年金事務所経由で障害年金センターに問いあわせたり、保有個人情報を開示請求して理由を把握！理由に納得できない場合は第6章の不服申立へ！

● 年金決定通知書（年金証書）サンプル

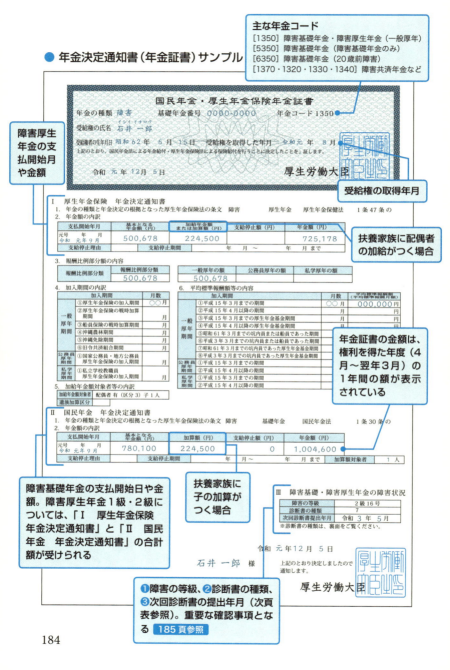

障害基礎・障害厚生年金の障害状況

❶ 障害の等級：障害等級表（国年令別表／厚年令別表第1・第2）にある障害の程度が記入されている

❷ 診断書の種類：
1. 障害の現状に関する届出は不要
2. 呼吸器疾患の障害用の診断書およびレントゲンフィルム
3. 循環器疾患の障害用の診断書
4. 聴覚、鼻腔機能、平衡機能、そしゃく、嚥下機能、言語機能の障害用の診断書
5. 眼の障害用の診断書
6. 肢体の障害用の診断書
7. 精神の障害用の診断書
8. 腎疾患、肝疾患、糖尿病の障害用の診断書
9. 血液・造血器、その他の障害用の診断書

❸ 次回診断書提出年月：有期認定と永久認定があり、有期認定の場合は1年〜5年ごとに診断書を提出して更新する必要がある 193頁参照 。誕生日月が更新月。次回診断書提出年月が「＊＊」で、❷が「1」の場合は永久認定となり、診断書の提出は不要となる

まとめ！

❶ 支給決定された場合には、年金決定通知書（年金証書）が送られ、不支給または却下決定された場合には、不支給または却下決定通知書が送られる

❷ 年金決定通知書（年金証書）には重要な情報が記入されている。内容が理解できないときは、わからないまま放置しないでしっかり把握する！　年金事務所に問いあわせて確認する

[第5章] 障害年金をもらえることが決まったあとにすること

02 初回の年金はいつ・何カ月分もらえる？

Point
① 初回の年金が支給されるのは、年金証書が届いてからおおむね50日以内
② 年金は偶数月の15日に支給されるが、初回の支給は奇数月になることもある
③ 初回の年金が振り込まれる前（郵便事情にもよるが、おおむね10日前後）に「年金支払通知書」が送付されてくる

初回の年金が振り込まれる日の目安

　年金は偶数月の15日（15日が金融機関の休業日である場合は、その直前の営業日）に、**支給月の前月分と前々月分の2カ月分ずつ支給されます**。ただし、初回の支給月のみ奇数月になることもあります。
　初回の年金が振り込まれるのは、年金証書が送付されてからおおむね50日以内です。大まかな目安としては、月の前半に年金証書が届いた場合は翌月の15日に振り込まれ、月の後半に年金証書が届いた場合には翌々月の15日に振り込まれる可能性が高いです。ただし、郵便事情などにもよるので、早めに支給確定日を知りたい場合は年金事務所に連絡して確認しましょう。

初回に振り込まれる年金の対象月と金額

　年金証書に記載されている「受給権を取得した（年）月」の翌月分からが受給できる年金額の対象となります。初回の振込が偶数月の場合は、支払開始年月から初回支給月の前月分までが振り込まれます。初回の振込が奇数月の場合には、支払開始年月から初回支給月の前々

月分までが振り込まれます。

年金支払通知書・支給額変更通知書・年金振込通知書

正確に、いつ・いくら振り込まれるかは、年金が支給される月の10日前後に送付される「年金支払通知書」や「支給額変更通知書」に記載されています。認定日と請求日で障害等級が異なる場合や、物価変動などによって認定日と請求日の年金額に改定がある場合は、「支給額変更通知書」に額の変遷とその理由が記載されます。はじめて見る人にとっては、すぐに通知書の内容を理解するのは難しいかもしれません。早めにいつ・いくら振り込まれるのか把握したい場合や、年金支払通知書、支給額変更通知書に記載されている内容がよく理解できない場合には、年金事務所に連絡して説明してもらいましょう。

また「年金振込通知書」というハガキ形式の通知が、毎年6月に金融機関などの口座振込で年金を受け取る人に対して送られてきます。6月から翌年4月（2カ月に1回）まで、毎回支払われる金額をお知らせするものです。年金支払額や受取金融機関に変更があった場合には、随時発送されます。

法律の規定により、物価や賃金の変動に応じて年度ごとに改定された年金額と毎回支払われる金額が同時に知らされる場合に、「年金額改定通知書」と「年金振込通知書」が一体となったハガキが送られてきます。

まとめ！

❶ 初回の年金振込月の目安は年金証書が届いてからおおむね50日以内。正確な日付や年金額を知りたい場合は、年金事務所に問いあわせるか、年金支払通知書が届くまで待つ

❷ 年金は2カ月に1回、偶数月の原則15日に振り込まれる。ただし、初回の振込は奇数月になることもある

［第5章］障害年金をもらえることが決まったあとにすること

03 国民年金保険料の法定免除届出手続き

Point
① 障害年金1級・2級に該当すると、国民年金保険料の法定免除となる
② 将来、障害の程度が軽減されて障害年金を受けられない可能性がある場合には、保険料免除のメリットとデメリットを把握する必要がある

国民年金保険料の法定免除とは？

　法定免除とは、国民年金の保険料が全額免除になることをいいます。障害年金の1級または2級の受給権者は、**受給権を取得した日の月の前月から法定免除となり、納付済みの保険料は還付されます**。ただし法定免除となるのは国民年金保険料のみで、厚生年金保険の被保険者である期間については、厚生年金保険料は免除されません。

　2級から3級に等級変更となった場合にも引き続き法定免除は適用されますが、**3級にも該当しなくなった場合、該当しなくなった日から起算してそのまま3年経過すると、法定免除の適用外となります**。

　ちなみに、法定免除期間についての老齢基礎年金の額は2分の1で計算されます（平成21年3月までは3分の1）。

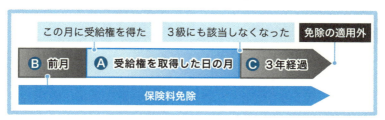

国民年金保険料の免除申請のしかた

「国民年金被保険者関係届書(申出書)」を提出します。申請書の提出先は、住所地の市区役所・町村役場の国民年金担当窓口、または年金事務所(郵送による提出も可能)です。

● 国民年金被保険者関係届書(申出書)サンプル

様式コード		
4100		

国民年金被保険者関係届書(申出書)

裏面の「提出にあたってのご注意」を参考のうえ記入してください。

市区町村	日本年金機構

市区町村長
日本年金機構理事長 あて　令和〇〇年〇〇月〇〇日
以下のとおり届け出(申し出)ます。

氏　名：石井一郎

被保険者との続柄：① 本人　2. その他(　　)

基礎年金番号または個人番号を記入する

基礎年金番号(10桁)で届出する場合は「①個人番号」に左詰めで記入してください。

A. 被保険者

- 個人番号(または基礎年金番号)：0000000000
- 生年月日：6.昭和 7.平成 580401
- フリガナ：イシイ　イチロウ
- 氏名：石井　一郎
- 性別：①男性　2.女性
- 郵便番号：1640000
- 電話番号：①自宅　3.勤務先　2.携帯電話　4.その他　03-0000-0000
- 住所：中野区中野〇-〇-〇
- 国籍(外国籍の方のみ)／外国人通称名(フリガナ)(住民票上の通称)

届出(申出)を行う「届書種類」に該当する番号を〇で囲んだうえ、必要事項を記入してください。

B. 届出(申出)事項

	⑨届書種類・番号	⑩異動・申出年月日/出産(予定)日	⑪事由等
	資格取得届 1	平成令和 年 月 日	0. 20歳到達(学生)　1. 資格取得届もれ　2. 20歳到達　3. 厚生年金(共済含む)からの移行　4. 任意加入の申出　5. その他　10. 中国残留邦人等　11. 外国からの転入
	種別変更届 2		
	資格取得申出 3		
	資格喪失届 4	⑪発生日	1. 厚生年金(共済含む)への移行　2. 任意加入辞退　3. その他　4. 任意喪失　9. 期間満了　10. 中国残留邦人等誤訪出　11. 外国への転出
	資格喪失届 5		
	付加保険料納付・辞退申出 6	平成令和 年 月 日	1. 納付　2. 納付辞退の申出　3. 農業者年金の資格取得　4. 農業者年金の資格喪失
	付加保険料該当・非該当届 7		
	保険料免除申請該当 ⑧	平成令和 280401	1. 法第89条第1号(障害基礎年金等)　2. 法第89条第2号(生活扶助等)　3. 法第89条第3号(国立療養所等)	⑭保険料納付申出の確認 ①希望する　2. 希望しない
	保険料免除理由消滅 9		
⑩8に「〇」	年金手帳再交付申請 10	平成令和 年 月 日	1. 紛失　2. 破損(汚れ)　9. その他(　　)
	14	平成令和 年 月 日	単胎・多胎の別　1. 単胎　2. 多胎

⑪発生日

⑫1.に〇

⑬1.希望する場合 → 保険料納付申出を提出する(チェックシート含む)
　2.希望しない場合 → 保険料は還付される

個人番号をお持ちでない方が以下の届出を行う

C. 届出

	⑨届書種類・番号	⑩該当年月日	
	住所変更届 11	平成 年 月 日	
	氏名変更届 12		変更前氏名

189

国民年金保険料の免除期間納付申出について

障害の程度が軽くなり、将来、障害基礎年金を受給することができなくなった場合は、老齢基礎年金を受けることになります。このような可能性に備えて、**老齢基礎年金の年金額を確保することを目的に、法定免除期間の国民年金保険料を納付することも、平成26年4月の法改正により可能に**なりました。

また障害年金の遡及請求（認定日請求）により、平成26年4月以前にさかのぼって法定免除の要件に該当した場合、平成26年3月分以降の保険料についても還付を受けないで保険料納付済み期間とすることができます。

手続きは、「国民年金保険料免除期間納付申出書」を提出し、免除期間納付の申し出をします 191頁参照 。その際、申し出をする場合の注意点が書かれた「確認チェックシート」も一緒に提出します。主な内容は次のとおりです。

❶ 免除期間納付の申し出をした期間は、国民年金保険料の納付義務が発生し、納付しない期間は未納期間となる
❷ 免除期間納付の申し出をした過去の期間については、さかのぼって法定免除に戻すことができないため、納付した国民年金保険料は返ってこない（保険料を前納した場合は、一部が戻ってくることもある。ただし、将来の期間については、訂正の申し出により免除に戻すことができる）
❸ 免除期間納付の申し出により国民年金保険を納付した場合、老齢基礎年金の金額は増えるが、障害基礎年金の年金額は増えない
❹ 納付申出をした期間は、付加年金または国民年金基金に加入することができる。ただし、過去にさかのぼって付加年金または国民年金基金に加入することはできない

● 国民年金保険料免除期間納付申出書サンプル

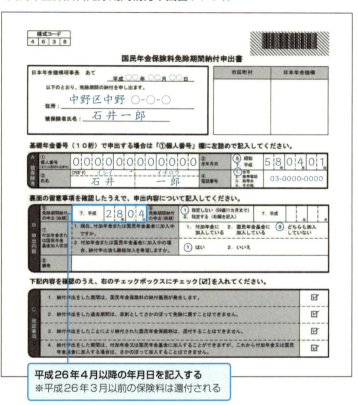

障害年金受給者は、一般的な世帯よりも健康保険被扶養者の要件が緩和される

　健康保険の被扶養者の年収基準は60歳未満なら「被保険者と同一世帯に属している場合は、130万円未満」です。しかし、障害年金を受けている場合の扶養家族の年収基準は、「被保険者の年間収入を上回らない場合、180万円未満」であり、第3号被保険者も維持できます。

国民年金保険料の法定免除をした場合の追納

国民年金保険料の免除を受けた期間は、10年以内であれば、あとから納付することができます。原則、古い期間からの納付となります。これを「追納」といいます。

保険料を追納により納付する期間は、付加年金または国民年金基金に加入することはできません。また、保険料の免除を受けた期間の翌年度から起算して3年度目以降に保険料を追納する場合、免除を受けた保険料の額に経過した期間に応じた加算が上乗せされます。

病気やケガの状況によって、将来老齢基礎年金を受給する可能性があるかを予想して、保険料を納付するかどうか考えましょう。

まとめ！

❶ 障害年金の1級または2級の受給権者は、受給権を取得した日の属する月の前月分から国民年金保険料の法定免除となる

❷ 法定免除を受けると保険料は全額免除されるが、老齢基礎年金として受け取る額は、法定免除の期間については2分の1で計算される。将来永久に障害年金を受給する場合は影響ないが、障害の程度が軽くなって障害年金を受け取ることができなくなった場合は、老齢年金の本来の額の2分の1しか受け取れなくなる

❸ 障害の程度が軽くなって、将来、障害基礎年金を受け取ることができなくなった場合は、老齢基礎年金を受け取ることになるので、老齢基礎年金の年金額の確保に備えて、免除期間の保険料を納付することができるようになった

[第5章] 障害年金をもらえることが決まったあとにすること

04 永久認定と有期認定
有期認定の場合は、定期的な更新（障害状態確認届の提出）が必要

Point
① 障害年金には永久認定と有期認定がある
② 有期認定の場合は1年〜5年ごとに更新が必要
③ 更新の時期に障害状態確認届（診断書）を提出する

障害年金の年金決定通知書の等級は、1度決まったら変わらない？

認定医によって審査結果が永久認定とされた場合には、等級の変更は原則ありません（ただし症状が悪化した場合に、受給権者から額改定請求をすることができます）。しかし、多くの場合は有期認定とされ、障害の状態が変化すると、それにあわせて一定期間ごとに審査を受けて障害等級が見直されるしくみとなっています。

❶ 有期認定の場合

有期認定の場合は、年金決定通知書（年金証書）の「次回診断書提出年月日」に年月が記載されています　184頁参照　。障害の状態によって、日本年金機構が定めた1年から5年の期間ごとに定期更新する必要があります。

初回の提出時期は年金決定通知書（年金証書）の「次回診断書提出年月日」に記載されていますが、更新期間は次回更新の際に診断書の内容によって変動する可能性があります。

更新の際に日本年金機構へ提出する書類は、基本的には「障害状態確認届」という「診断書」のみです（ただし等級が上がる場合など状

193

態によって追加でつける書類もあります 195・197頁参照 。

　更新月は誕生日月となり、日本年金機構から本人の登録住所に「障害状態確認届（診断書）」が送付されます。

❷ 永久認定の場合

　病状が固定して変わらないと判断されると、見直しが行われない永久認定と決定されます。次回診断書提出年月が「＊＊」で、②が「1」 185頁参照 の場合永久認定となり、診断書の提出は不要です。

障害状態確認届（診断書）の提出

　日本年金機構より「障害状態確認届（診断書）」の用紙が提出年月の**3カ月前の月末**までに送付されます。配偶者加給年金や子の加算がある場合には、「生計維持確認届」も同封されてきます。**障害状態確認届（診断書）は、提出年月の3カ月以内に医師により作成されたものが有効**です。提出が遅れると、年金が差し止めになる場合があるので注意が必要です。ただし、差し止めになっても、その後の提出で差し止め分を含めて支給が再開されます。

　提出後に等級の変更がなければ「次回診断書提出年月日のお知らせ」が送付され、等級が改定された場合は「国民年金・厚生年金保険支給額変更通知」が送付されます。重い等級に変わる場合は、提出年月の翌月分から変更後の額に変わります。**軽い等級に変わる、または支給停止になるなど不利益な改定の場合は、提出締切り月の翌月から起算して4カ月目の支給分から変更**となります。

障害状態確認届（診断書）の期限　令和元年7月までは指定日前1カ月以内に作成されたものだったが、令和元年8月1日から指定日前3カ月以内に拡大された。20歳前障害の場合は、障害状態確認届の提出指定日は7月末とされていたが、令和元年7月1日から誕生月の月末に変更された

障害状態確認届（診断書）の提出が不要な場合

永久認定の場合は、障害の状態についての再認定は行われないため、更新（障害状態確認届の提出）は不要です。

> **永久認定の場合の注意点**　永久認定は、手足の切断や失明、人工関節の挿入置換のように障害状態が固定される障害など、今後状態が変わらないと判断される場合などに限られる。永久認定を受けている人でも、病状が悪化してしまった場合には、自ら額改定請求手続きを行うことにより等級を上げることができる

障害状態確認届（診断書）を提出するときの注意点3つ

更新の際に、診断書の内容を確認せずに提出したら、よくわからないまま支給停止になってしまったということもあります。次の3つに注意して、更新の都度ていねいに診断書を準備・確認しましょう。

❶ 医療機関の転医や主治医の変更などにより、前回の診断書と違う医師に書いてもらう場合は、改めて丁寧に現在の日常生活や就労状況について詳しく伝え、前回提出した診断書の写しを主治医に見てもらい、前回提出時から現在までの状態を適切に伝える
❷ 定期更新の度に、医師に書いてもらった診断書の写しを保管する
❸ 更新の際に、前回の診断書提出時より症状が悪化して重い等級への変更を求める場合は、障害状態確認届（診断書）とともに「額改定請求書」を提出する。等級変更は額改定請求書を一緒に提出しなくても行われることもあるが、期待していた上位等級へ認定がされなかったときに、額改定請求書を提出していないと不服申立はできない。ただし、額改定請求書をつけて提出すると審査のうえでの決定となり、もし等級が変わらなかった場合は、その後すぐ状態が悪化しても、原則1年は額改定請求ができない

[第5章] 障害年金をもらえることが決まったあとにすること

05 障害の状態が悪化したら「額改定請求」する

Point
① 症状が悪化したらなるべく早く手続きする
② 額改定請求できない期間がある（例外あり）
③ 役所からの案内はないため、受給者側から請求する

障害状態が悪化した場合、年金額の増額改定を請求できる

　障害の状態が悪化した場合、等級を見直すために年金額の増額改定を請求することができます。これを額改定請求といいます。更新の間隔が長くて次回の更新月になる前に重症になった場合や、更新の必要がない永久認定の場合でも、最初に認定されたときよりも重くなった場合には額改定請求をします。額改定請求が認められると、翌月分からの年金額に反映されます。**さかのぼって請求することはできないので、症状が悪化したときには早めに手続きしましょう。**

　請求は、次の書類などを一緒に提出します。

① 提出日前3カ月以内に医師が書いた診断書
② 額改定請求書
③ 受給権者の年金証書など

提出先は、年金事務所か街角の年金相談センターで、障害基礎年金の場合は市区町村役場でも可能です。
　ただし、額改定請求できる時期は制限があるので確認してください 199〜201頁参照 。

> **額改定請求書の診断書**
>
> 提出日前1カ月以内に作成されたものとなっていたが、令和元年8月1日から提出日前3カ月以内に作成されたものに変更された

● 障害給付 額改定請求書サンプル

障害給付 額改定請求書 様式第210号

障害給付を受ける原因となった障害の程度が重くなったときの届
障害給付を受けられるようになった以降の疾病または負傷により障害の程度が重くなったときの届

※基礎年金番号(10桁)で提出する場合は左詰めでご記入ください。

① 個人番号(または基礎年金番号)および年金コード： 0 0 0 0 0 0 0 0 0 0 0 0 1 3 5 0

② 生年月日： 大・㊊・平・令 58 04 01

③ 障害給付を受ける原因となった疾病または負傷の傷病名： うつ病

④ 障害給付を受ける権利が発生した年月日： 昭和・㊉・令和 ○○年○○月○○日

⑤ ④以外の疾病または負傷の傷病名

⑥ ⑤の疾病または負傷の初診日： 昭和・平成・令和 年 月 日

⑦ 障害給付を受ける権利が発生した以降に取得した年金手帳の基礎年金番号

⑧ 障害給付を受ける権利が発生した年月日以降の職歴

事業所名称等	事業所(国民年金加入時)所在地	加入期間	加入制度
		から まで	国民年金・厚生年金保険 共済組合等・厚生年金(船員)保険
		から まで	国民年金・厚生年金保険 共済組合等・厚生年金(船員)保険
		から まで	国民年金・厚生年金保険 共済組合等・厚生年金(船員)保険

⑨ あなたは現在、当該障害基礎年金、障害厚生年金または障害共済年金以外の公的年金制度から年金を受けていますか。受けている方・請求中の方は、その制度の名称および年金証書の年金コード、恩給証書等の記号番号をご記入ください。

ア 受けている ・㊄ いない ・ウ 請求中
名称
年金コード・恩給証書等の記号番号

⑩ 上記の年金を受けている方は、その支給を受けることとなった年月日： 昭和・平成・令和 年 月 日

⑪ 加算額・加給年金額対象者欄

氏名	生年月日	個人番号	続柄・障害の有無
石井 由美子	大・㊉・平・令 60年8月1日	000000000000	㊥偶者・子(障害 有・無)
石井 拓郎	昭・㊥・令 25年6月1日	000000000000	子(障害 有・㊋)
	昭・平・令 年 月 日		子(障害 有・無)

⑫ 配偶者についてご記入ください。

現在、公的年金制度等から老齢・退職または障害の年金を受けていますか。	ア 老齢・退職の年金を受けている。	イ 障害の年金を受けている。	㊅ いずれも受けていない。
受けているときは、その公的年金制度等の名称および個人番号(または年金証書の基礎年金番号)・年金コード、恩給証書等の記号番号	名称		
	個人番号(または基礎年金番号)・年金コード等		
その支給を受けることとなった年月日	昭和・平成・令和 年 月 日		

(裏面の「記入上の注意」をよく読んでからご記入ください。)

自分自身の年金について記入する

配偶者(夫または妻)がいる人は、配偶者の年金について記入する

額改定請求できないケース

次のケースに該当する場合、額改定請求はできません。ただし、❶❷には例外があります。

> **CASE ❶** 障害年金を受ける権利を取得した日から１年を経過していない　**例外**「１年を待たなくても額改定請求ができるCASE」
> 199頁参照
>
> **CASE ❷** 更新・額改定請求によって等級が変更した日（厚生労働大臣の障害の程度の検査を受けた日）から１年を経過していない　**例外**「１年を待たなくても額改定請求ができるCASE」
> 199頁参照
>
> **CASE ❸** 65歳になる前に２級以上になったことがない障害厚生年金３級の受給者が65歳になったとき

上記❶❷の場合でも、１年を待たずに額改定請求できるケース

平成26年４月より厚生労働省令に規定された、**明らかに障害の程度が重くなったことが確認できる次頁の27項目のいずれかにあてはまる場合、１年を経過しなくても請求できる**ようになりました。

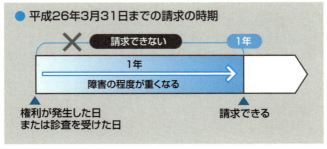

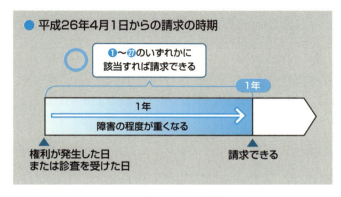

● 1年を経過しなくても重い等級へ改定請求できる場合の27項目

	眼・聴覚・言語機能の障害
❶	両眼の視力がそれぞれ0.03以下のもの
❷	一眼の視力が0.04、他眼の視力が手動弁以下のもの
❸	両眼の視力がそれぞれ0.07以下のもの
❹	一眼の視力が0.08、他眼の視力が手動弁以下のもの
❺	ゴールドマン型視野計による測定の結果、両眼のⅠ／4視標による周辺視野角度の和がそれぞれ80度以下かつⅠ／2視標による両眼中心視野角度が28度以下のもの
❻	自動視野計による測定の結果、両眼開放視認点数が70点以下かつ両眼中心視野視認点数が20点以下のもの
❼	ゴールドマン型視野計による測定の結果、両眼のⅠ／4視標による周辺視野角度の和がそれぞれ80度以下かつⅠ／2視標による両眼中心視野角度が56度以下のもの
❽	ゴールドマン型視野計による測定の結果、求心性視野狭窄又は輪状暗点があるものについて、Ⅰ／2視標による両眼の視野がそれぞれ5度以内のもの
❾	自動視野計による測定の結果、両眼開放視認点数が70点以下かつ両眼中心視野視認点数が40点以下のもの
❿	両耳の聴力レベルが100デシベル以上
⓫	両耳の聴力レベルが90デシあベル以上
⓬	喉頭をすべて摘出した

（次頁に続く）

肢体(手足・体)の障害	
⑬	両手のすべての指をなくした
⑭	両足を足首の関節より上でなくした
⑮	両手の親指および人差し指または中指をなくした
⑯	片腕のすべての指をなくした
⑰	両足のすべての指をなくした
⑱	片足を足首の関節より上でなくした
⑲	両手両足または手指もしくは足指が完全に麻痺した(脳血管障害または脊髄に何らかの損傷を受けたために生じた障害は、この状態が6カ月を超えて継続している場合にかぎる
内部障害	
⑳	心臓を移植した、または人工心臓(補助人工心臓を含む)を装着した
㉑	心臓再同期医療機器(心不全を治療するための医療機器)を装着した
㉒	人工透析をしている(3カ月を超えて継続している場合にかぎる)
そのほかの障害	
㉓	6カ月を超えて継続して人工肛門を使用し、かつ、人口膀胱(ストーマの処置を行わないものにかぎる)を使用している
㉔	人工肛門を使用し、かつ、尿路の変更処置をした(人工肛門を使用した状態および尿路を変更した状態が6カ月を超えて継続している場合にかぎる)
㉕	人工肛門を使用し、かつ、排尿の機能に障害を残す状態[留置カテーテルの使用または自己導尿(カテーテルを用いて自ら排尿すること)を常に必要とする状態]にある(人工肛門を使用した状態および排尿の機能に障害を残す状態が6カ月を超えて継続している場合にかぎる)
㉖	脳死状態(脳幹を含む全脳の機能が不可逆的に停止するに至った状態をいう)または遷延性植物状態(意識障害によって昏睡状態にあること。この状態が3カ月を超えて継続している場合にかぎる)となった
㉗	人工呼吸器を装着したもの(ひと月を超えて常時装着している場合にかぎる)

※ ⑲は、完全麻痺の範囲が広がった場合を含む。

● 1年を経過しなくても額改定請求できる場合の20項目

(旧法の障害年金 昭和61年3月以前に受ける権利が発生した障害年金)

国民年金法の障害年金	
❶	両眼の視力の合計が0.04以下
❷	両耳の聴力レベルが90デシベル以上

(次頁に続く)

③	両手のすべての指をなくした
④	両足を足首の関節より上でなくした
\multicolumn{2}{c|}{厚生年金保険法の障害年金}
⑤	両眼の視力の合計が0.02以下
⑥	両眼の視力の合計が0.04以下
⑦	片方の眼の視力が0.02以下、もう一方の目の視力が0.06以下
⑧	両耳の聴力レベルが90デシベル以上
⑨	喉頭をすべて摘出した
⑩	両手を腕関節以上でなくした
⑪	両足を足首の関節より上でなくした
⑫	片腕を手首の関節より上でなくした
⑬	片足を足首の関節より上でなくした
⑭	両足をリスフラン関節より上でなくした
⑮	両足のすべての指をなくした
⑯	心臓再同期医療機器（心不全を治療するための医療機器）を装着した
\multicolumn{2}{c|}{国民年金法・厚生年金保険法の障害年金（共通）}
⑰	両手両足または手指もしくは足指が完全に麻痺した（脳血管障害または脊髄に何らかの損傷を受けたために生じた障害は、この状態が6カ月を超えて継続している場合にかぎる）
⑱	心臓を移植した、または人工心臓（補助人工心臓を含む）を装着した
⑲	遷延性植物状態（意識障害によって昏睡状態にあること。この状態が3カ月を超えて継続している場合にかぎる）となった
⑳	人工呼吸器を装着した（ひと月を超えて常時装着している場合にかぎる）

リスフラン関節

※ ⑰は、完全麻痺の範囲が広がった場合を含む。

❶ 額改定請求は自分から申し立てる必要がある。行政機関から案内が送られてくるわけではない

❷ 額改定請求は過去にさかのぼって請求ができないため、症状が重くなったら早めに書類（診断書・額改定請求書・チェックシートなど）をそろえて提出する

❸ 額改定請求は、原則、障害年金受給権の発生日、または審査を受けた日から1年を経過したときからできる。例外もあるため、額改定請求できる時期を確認する

[第5章] 障害年金をもらえることが決まったあとにすること

06 障害年金が支給停止になるとき

Point
❶ 支給停止になっても受給権は消えない。受給権は少なくとも65歳まで続く
❷ 症状が悪化したときに再び障害等級に該当すると、支給停止は解除される

障害年金の支給停止

前回、診断書を提出したときより障害の状態が軽くなったと判断されると、障害年金の支給が停止されることがあります。これを支給停止といいます。支給停止された場合でも障害年金の受給権そのものは消えません。

支給停止後、再び障害等級に該当したら支給停止事由消滅届を提出

支給停止されたあとに、また障害の状態が重くなり、**再び障害の等級に該当する場合には、「老齢・障害給付受給権者支給停止事由消滅届」に診断書を添えて提出**します。審査の結果、等級に該当すると認められると、診断書の現症日（その障害の状態がいつの時点のものなのか）で支給停止が解除されます。

支給停止を解除する場合は、額改定請求と違い、一定期間を空ける必要はなく、さかのぼって支給停止を解除することも可能です。**支給停止の解除は、65歳到達または支給停止となってから3年を経過、どちらか遅い日までの間にする**必要があります。

● 老齢・障害給付 受給権者支給停止事由消滅届サンプル

年金をもらう人で、配偶者のいる人に、配偶者の年金について記入する

様式207号

実施機関等 受付年月日

老齢・障害給付　受給権者支給停止事由消滅届
(受給権者が下記④の事由に該当したときの届)

52	54	57	80

※基礎年金番号(10桁)で提出する場合は左詰めでご記入ください。

	個人番号(または基礎年金番号)	年金コード
① 個人番号(または基礎年金番号)	0000000000001	350
② 生年月日	大・㊎・平・令　58　04　01	
③ 消滅の事由に該当した年月日	昭和・平成・㊝　01　06　01	

④ 消滅の事由
　ア 選択していた年金の受給権が消滅したため、または支給停止となったため
　㊑ 厚生年金保険法、国家公務員共済組合法の障害等級に定める程度の障害の状態になったとき、または国民年金法の障害等級に定める程度の障害の状態になったとき(ただし、障害厚生年金が支給されているときを除く。)
　ウ 支給停止期間が満了したため

⑤ 配偶者について、右の欄に記入してください。

現在、公的年金制度等から老齢・退職または障害を支給事由とする年金を受けていますか。

ア 老齢・退職の年金を受けている	イ 障害の年金を受けている	㊤ いずれも受けていない

受けているときは、その公的年金制度等の名称および個人番号(または基礎年金番号)・年金コード、恩給証書等の記号番号
　名　称
　個人番号(または基礎年金番号)・年金コード
その支給を受けることとなった年月日　昭和・平成・令和　　年　　月　　日

※支給停止解除 52	解除年月日	事由	※年金額改定	配偶者基礎年金番号・年金コードの訂正・収録 80
	年　月　日	01	54 1	

※年金額改定 54	改定年月日	事由 ㊩状態表示		事由	調整額
	年　月　日	25	支払調整 67	基付 ・・・ 上 ・・・ 独 ・・・	※

令和　元　年〇〇月〇〇日　提出　郵便番号　164-0000

受給権者　住所　中野区中野〇-〇-〇
　　　　(フリガナ)(イシイ イチロウ)
　　　　氏名　石井一郎
　　　　自宅の電話番号 (03) - (0000) - (0000)

⑧ 生計維持申立

配偶者および子の氏名	生年月日	受給権者との続柄	障害の状態にありますか
石井 由美子	大・㊎・平・令　60年 8月 1日	妻	ある・㊨
石井 拓郎	昭・㊍・令　25年 6月 1日	子	ある・㊨
石井 ひろみ	昭・㊍・令　30年10月 1日	子	ある・㊨

上記の者は、現在生計を維持していることを申し立てる。
令和　元　年〇〇月〇〇日　受給権者氏名　石井一郎

(裏面の「記入上の注意」をよく読んでから記入してください。)

年金をもらっている人で、加算額、加給年金額の対象となる配偶者および子がいる人は申立をする

203

障害年金の権利がなくなる（失権する）とき

支給停止されても受給権そのものはなくなりませんが、次のいずれかにあてはまる場合は受給権がなくなります。**受給権がなくなることを「失権」といいます。**

❶ 障害年金の受給権者が死亡したとき
❷ 次のどちらか遅い日
　・障害等級3級にあてはまらないまま65歳になったとき
　・3級にあてはまらないまま3年が経過したとき※
❸ 併合の規定（併合等認定基準）により、新たに障害年金の受給権を取得したとき　63頁参照

※ 障害基礎年金には3級はありませんが、3級の状態かどうか認定されます。

障害年金が支給停止になったとしても、上記の3つに該当して「失権」するまでは、受給権自体はなくなりません。

まとめ！

❶ 支給停止されても受給権そのものはなくならない
❷ 支給停止の解除は、支給停止となった日以後であれば、原則いつでもできる
❸ 3級以上の等級に該当しない状態で、65歳到達または支給停止となってから3年を経過、どちらか遅い日に障害年金の受給権は失権する。権利を失う日は1番早くて65歳。失権すると支給停止解除はできなくなる

[第5章] 障害年金をもらえることが決まったあとにすること

07 結婚や出産で扶養家族ができたら

Point
1. 扶養家族ができたら加算額をつけるための書類を提出する
2. 提出が遅れると加算の支給開始も遅れるが、さかのぼって支給される

受給権発生後に加算対象となる配偶者や子が増えたら

平成23年4月から障害年金加算改善法が施行され、**障害基礎年金を受ける権利が発生したあとに、生計維持することになった子が増えた場合、届出によって加算される**ことになりました。また、障害厚生年金の1級、2級に該当する場合の配偶者についても、同様に加算の対象となります。

障害年金の受給権を得たあとに、結婚や子どもの誕生によって加算の対象となる配偶者や子が増えた場合、**「障害給付加算額・加給年金額加算開始事由該当届」と、子の場合は「子の加算請求に係る確認書」に生計維持に関する添付書類を添えて提出**します。すると、加算額または加給年金額が支給されている年金に加算されます。

年金受給者に生計維持されなくなったとき、配偶者や子と離婚、離縁、亡くなったときなどには、「加算額・加給年金額対象者不該当届」を提出する必要があります。

加算される扶養家族
- 生計維持関係にある65歳未満の配偶者
- 18歳到達年度の末日までの子、または障害等級1級・2級で20歳未満の子

平成23年4月からは加算の範囲が拡大

- 平成23年4月1日より前において、受給権発生後に生計維持する配偶者や子が増えた場合、法施行時から加算の対象となります。
- 平成23年4月1日以降において、受給権発生後に生計維持する配偶者や子を有することとなった場合は、その事実が発生した時点から加算の対象となります。

子の加算と児童扶養手当、配偶者の年金のバランス

平成26年の児童扶養手当法改正により、平成26年12月分から、同一の子を対象とした子の加算または児童扶養手当を受ける場合、一律に子の加算を優先して受け取り、子の加算額（配偶者が年金を受けている場合、配偶者自身の年金と子の加算との合算額）が児童扶養手当の額を下回る場合、その差額分の児童扶養手当を受けることになりました。令和3年3月分（令和3年5月支払）から「児童扶養手当法」の一部を改正し、令和3年3月分から児童扶養手当の額と障害年金の子の加算部分の額との差額を児童扶養手当として受給することができるよう見直されました。

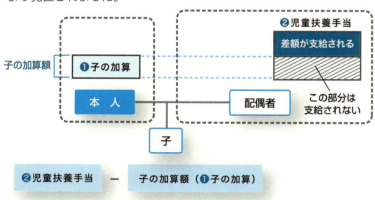

第6章 不服申立 —結果に納得できないとき—

不服申立（審査請求・再審査請求）の手順を把握しましょう

障害年金は請求すれば誰もが必ず受給できるわけではありません。審査の結果、受給決定とならない人もいます。そのようなときは、不服申立（審査請求、再審査請求）をすることができます。思っていた等級より低い等級になった場合も同様です。

不服申立制度のしくみや流れ、注意点、書類の作成方法などについて見ていきます。最初の裁定請求で受給できるように書類を整備することが肝心ですが、納得できない結果になったときの対応についても、確認しておきましょう。

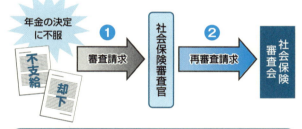

不服申立の流れ

✓	手順	ポイント	参照頁
✓	不服申立の流れを把握	手順・流れを確認しよう	208
✓	決定の理由を確認	個人情報の開示請求をしよう	210
✓	不服申立以外も検討	再請求もできる	212
✓	審査請求の書類を集める	不服理由を主張する書類を集める	214
✓	審査請求する	やみくもに主張しない	216
✓	再審査請求する	争点を絞った理由書を提出する	220
✓	公開審理で意見を述べる	反論ではなく、反証しよう	222

[第6章] 不服申立 −結果に納得できないとき−

01 不服を申し立てる前にすること

Point
① 不服申立の手順を把握しよう
② 個人情報を開示請求して決定の理由を確認しよう
③ もうひとつの方法、再請求も検討しよう

不服申立の流れ・手順を確認しよう

　障害年金は書類を整えて提出すれば、必ず受給できるわけではありません。裁定請求後、ようやく届いた封書を開けたら、思いもかけない通知が入っていることもあります。

- 初診日が特定できないと判断され却下になった
- 障害の程度が等級に該当しないと不支給になった
- 2級に該当すると考えられるのに3級に決定された

　このような決定に納得がいかないときは、行政不服審査法に基づき、不服申立をすることができます。不服申立ができる旨は、決定通知書にも記載されています 次頁参照 。
　この記載のとおり、不服申立は期限が決められています。まずは、大まかな流れを把握しましょう。

不服申立の流れ（審査請求・再審査請求）

　障害年金の決定に不服がある場合は、次々頁の図の流れで不服申立をしていきます。

● 国民年金・厚生年金保険の支給しない理由のお知らせ（不支給決定通知書）サンプル

令和○○年 ○○月 ○○日

石井一郎 様

厚生労働大臣 ○○

国民年金・厚生年金保険の支給しない理由のお知らせ
（不支給決定通知書）

あなた様から請求のありました次の給付（保険給付）については次の理由により支給しないことと決定しましたので通知します。

給付の種類　　　国民年金障害基礎年金
（保険給付の種類）

基礎年金番号　　000000000000

支給しない理由

　請求のあった傷病（うつ病）については、障害認定日である令和○○年○○月○○日現在の障害の状態が、国民年金法施行令別表（障害等級1級、2級の障害の程度を定めた表）に定める程度に該当していないため、支給されません。

> **不支給になった理由が記載されている**

　この決定に不服があるときは、この決定があったことを知った日の翌日から起算して3か月以内に文書又は口頭で社会保険審査官（地方厚生局内）に審査請求できます。また、その決定に不服があるときは、決定書の謄本が送付された日の翌日から起算して2か月以内に社会保険審査会（厚生労働省内）に再審査請求できます。
　なお、この決定の取消の訴えは、審査請求の裁決を経た後でないと、提起できませんが、審査請求があった日から2か月を経過しても裁決がないときや、決定の執行等による著しい損害を避けるために緊急の必要があるとき、その他正当な理由があるときは、審査請求の決定を経なくても提起できます。この訴えは、審査請求の決定（再審査請求をした場合には、当該決定又は社会保険審査会の裁決。以下同じ）の送達を受けた日の翌日から起算して6か月以内に、国を被告（代表者は法務大臣）として提起できます。ただし、原則として、審査請求の日から1年を経過したときは訴えを提起できません。

> **不服申立できる旨と、不服申立の期限について説明されている**

この決定に不服があるときは、この決定があったことを知った日の翌日から起算して3か月以内に文書又は口頭で社会保険審査官（地方厚生局内）に審査請求できます。また、その決定に不服があるときは、決定書の謄本が送付された日の翌日から起算して2か月以内に社会保険審査会（厚生労働省内）に再審査請求できます。

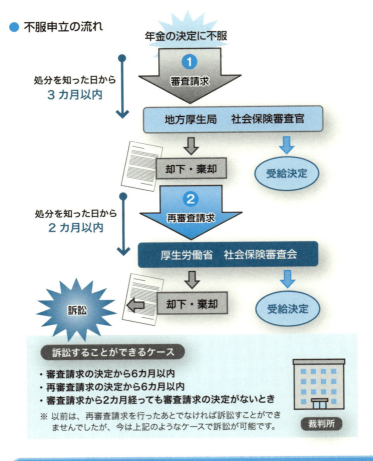

個人情報を開示請求して決定の理由を確認しよう

まず不服申立をして、決定が覆る可能性があるのか検討しなくてはいけないので、**認定側がどのように審査をしたのか確認**しましょう。審査の過程でどのような判断があったのか書かれた文書が、「障害状態認定表」（障害厚生年金）と「障害状態認定調書」（障害基礎年金）です。

処分の理由は、決定通知書にも記載されていますが、「等級に該当しない」「初診日が確認できない」といった簡単な理由だけで、なぜそのような判断になったのか、どのような審査があったのかまでは確認できません。そこで、**前頁の書類を入手するために、保有個人情報開示請求**をします。

保有個人情報開示請求の流れ

　決定理由、判断内容が記された認定側の文書、「**障害状態認定表**」「**障害状態認定調書**」を取り寄せるには、「**保有個人情報開示請求書**」を厚生労働省の年金局へ送ります。

　保有個人情報を入手する大まかな流れは下図のとおりです。この手続きは時間がかかるので、早急に取りかかりましょう。

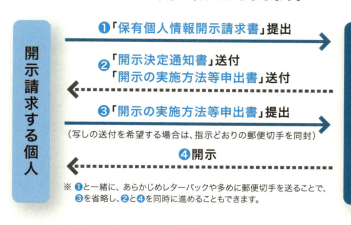

　また、**障害年金を請求した際に提出した書類の控えも、保有個人情報開示請求で入手することができます。**保有個人情報開示請求をしてから書類を入手するまでに3週～1カ月ほどかかるので、不服申立をする場合には、同時進行で進めます。

　なお、年金事務所経由で事務センターに不支給理由を電話で確認することもでき、年金事務所を通して開示請求することもできます。

211

保有個人情報開示請求書の入手方法
- 厚生労働省大臣官房総務課情報公開文書室年金局に電話する
  or
- 厚生労働省のホームページから印刷する
  ※「保有個人情報開示請求書」に手数料300円分の収入印紙を貼る

添付書類
- 住民票
- 本人確認書類のコピー（運転免許証など）

もうひとつの方法、再裁定請求も検討しよう

　不服申立の流れは210頁のとおりです。再審査請求まで行うと、結果が出るまでに1年はかかると見ておきましょう。また1度決定した結果を覆すのは容易なことではなく、再審査請求までしても必ず希望どおりの結果になるわけではありません。**障害年金の受給権を得るためには、不服申立ではなく、再度裁定請求する方法もあります。**その場合はもう1度新たに書類を準備して、請求し直すことになります。**障害の程度が低く見られたことに対して不服を申し立てる場合、「後出しの文書」**は認められないこともあるので、**再度書類を整備して請求するほうがいいケースもあります。**

　審査請求がいいか、再裁定請求がいいかは、ケースバイケースになってしまいます。再裁定請求する場合は、もう1度、受診状況等証明書や診断書などの必要書類を一式そろえなければいけないので、文書代もかかりますし、事後重症請求であれば受給権の発生が遅くなるといったデメリットもあります。

まとめ！

❶ 審査請求は、処分を知った日から3カ月以内、再審査請求は処分を知った日から2カ月以内にしなければならない

● 保有個人情報開示請求書サンプル

<標準様式第2-1> 開示請求書

保有個人情報開示請求書

令和 ○○年○○月○○日

(行政機関の長等)　殿

(ふりがな) イシイ　イチロウ
氏名　石井　一郎

住所又は居所　東京都中野区中野○-○-○
〒164-0000　　TEL　03(0000)0000

個人情報の保護に関する法律(平成15年法律第57号)第77条第1項の規定に基づき、下記のとおり保有個人情報の開示を請求します。

記

1　開示を請求する保有個人情報（具体的に特定してください。）

令和○○年○○月○○日付で行った障害年金裁定請求に対し、
不支給決定とした理由がわかる書類一式

2　求める開示の実施方法等（本欄の記載は任意です。）
　ア、イ又はウに○印を付してください。アを選択した場合は、実施の方法及び希望日を記載してください。
　ア　事務所における開示の実施を希望する。
　　　<実施の方法>　□閲覧　□写しの交付
　　　　　　　　　　□その他（　　　　　　　　　　）
　　　<実施の希望日>　　　年　　　月　　　日
　イ　電子情報処理組織を使用した開示を希望する。
　⑦　写しの送付を希望する。

※「コピーを送ってもらう場合は『ウ』に○をつける」

3　手数料

手数料	ここに収入印紙を貼ってください。	(請求受付印)

※「300円分の収入印紙を貼る」

4　本人確認等
　ア　開示請求者　☑本人　□法定代理人　□任意代理人
　イ　請求者本人確認書類
　　☑運転免許証　□健康保険被保険者証
　　□個人番号カード又は住民基本台帳カード（住所記載のあるもの）
　　□在留カード、特別永住者証明書又は特別永住者証明書とみなされ
　　□その他（　　　　　　　　　　）
　　※請求書を送付して請求をする場合には、加えて住民票の写し等を
　ウ　本人の状況等（法定代理人又は任意代理人が請求する場合にのみ記載し
　　（ア）本人の状況　□未成年者（　　年　　月　　日生）□成年被後見人　□任意代理人委任者
　　　　　　（ふりがな）
　　（イ）本人の氏名
　　（ウ）本人の住所又は居所
　エ　法定代理人が請求する場合、次のいずれかの書類を提示し、又は提出してください。
　　請求資格確認書類　□戸籍謄本　□登記事項証明書　□その他（　　　　　）

※「添付する本人確認書類にチェックを入れる」

まとめ！

❷ 保有個人情報を開示請求することで、審査内容、処分理由が確認できる年金機構が作成した文書を入手できる

213

[第6章] 不服申立 −結果に納得できないとき−

02 審査請求のしかた

Point
1. やみくもに主張しない
2. 不服の理由を主張するための資料を集める
3. 不支給になった理由を確認し、争点を絞った理由書を作成する

審査請求とは？

審査請求は、社会保険審査官に対してします。 社会保険審査官は、保険者（日本年金機構）が出した決定処分が妥当だったかを審査します。審査請求は口頭または文書で行うこととされていますが、通常は文書で行います。

● 審査請求手続き

提出する書類	必須 審査請求書 216頁参照 地方厚生局に電話して送ってもらうか、各厚生局のホームページから印刷できる 必須 原処分の決定通知書（不支給決定通知書、却下決定通知書）のコピー 任意 不服理由を主張する資料など
提出先・問いあわせ先窓口	管轄の地方厚生（支）局：全国8カ所にある ・北海道厚生局 011-709-2311　・東北厚生局 022-208-5331 ・関東信越厚生局 048-851-1030　・東海北陸厚生局 052-228-6159 ・近畿厚生局 06-7711-8001　・中国四国厚生局 082-223-0070 ・四国厚生支局 087-851-9564　・九州厚生局 092-707-1135 ※ 障害年金請求書を提出した役所を管轄する地方厚生（支）局
期限	処分を知った日の翌日から3カ月経過する前に

不服の理由を主張する資料を集めよう

審査請求の際には、不服の理由を主張するための資料を提出します。争点が初診日なのか、障害の程度なのか、却下・不支給になった理由により、何を提出するべきか一概にいえませんが、**決定をくつがえすための客観的な文書類を集めましょう。**

提出する資料の具体例
- [ ] 医学書（文献）のコピー
- [ ] 医師の意見書
- [ ] お薬手帳のコピー
- [ ] 検査結果票
- [ ] 障害者手帳申請時の診断書
- [ ] 通っていた学校の成績通知表
- [ ] 第三者の証言（職場上司・支援施設の職員　など）
- [ ] 就労状況が確認できるもの（出勤簿・給与明細　など）
- [ ] 写真（障害の程度が確認できるもの）
- [ ] 医療機関の診療録（カルテ）のコピー　など

審査請求提出から決定までの流れ

審査請求提出からは、次のような流れで審理され、決定されます。

❶ 審査請求書が受理されたら、担当の社会保険審査官から郵送で受理書が届く
❷ 希望すれば保険者に対し、口頭で意見陳述ができる

※ この段階で日本年金機構が処分変更することもある

審査請求書を準備しよう

審査請求書は、地方厚生（支）局に電話して送ってもらうか、各厚生局・厚生支局のホームページから印刷できます。

● **審査請求書サンプル**

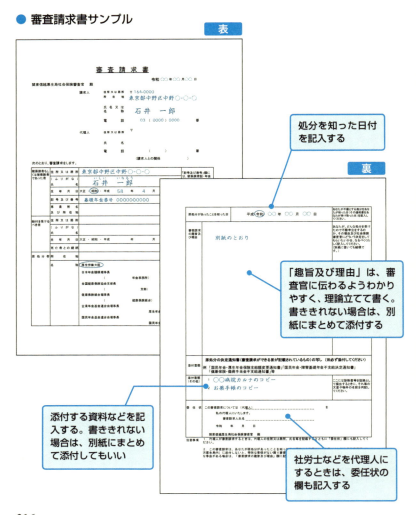

「趣旨及び理由」の書き方

　審査請求にあたり、ただやみくもに認めてほしいと希望を伝えてもダメです。経済的な困窮を訴えても認められません。**日本年金機構の決定のどこに不服があるのか、争点を絞って不服の理由をわかりやすく整理して伝えます。**

　審査にあたっては、法律、取り扱いルール、障害認定基準などに基づいて審理されるので、審査請求する側もそれらの視点を意識して不服を申し立てましょう。

　審査請求書の「審査請求の趣旨及び理由」が書ききれないときは、「別紙の通り」と記載し、別紙で添付しましょう。

口頭意見陳述とは？

　審査請求書が受理されたあと、請求者本人や代理人が希望すれば、日本年金機構に口頭で質問をすることができます。審査請求後に送られてくる受理書に、その旨が記載されています。申出の期限も書かれているので、**口頭意見陳述を希望する場合は、その期日までに社会保険審査官に電話を**します。後日、日程調整のための連絡があり、口頭意見陳述の場が設けられます。口頭意見陳述は非公開で行われます。

処分変更とは？

　審査請求書を提出したあと、日本年金機構が「**処分変更**」を行うことがあります。**当初出した処分を変更し、こちらの主張を認めるということです。**

　「処分変更」は裁定請求時の却下・不支給決定の処分を変更するという扱いなので、不服申立の必要がなくなります。そのため、**処分変更の連絡があったら、審査請求を取り下げる手続きが必要**になります（このあとの再審査請求の段階で処分変更になることもあります）。

却下と棄却の違い

　審査請求の審理の結果は、社会保険審査官から決定書の謄本が本人または代理人に送られてきます。決定書には、「却下」ならびに「棄却」と書かれていた場合には、社会保険審査官がなぜそのように判断したのか、理由が書かれています。

- 却下 審査前の段階で下される処分で、審査請求自体が認められないとき
- 棄却 審査の結果下される処分で、請求人の主張が認められないとき

不服申立ではなく、もう1度裁定請求することも検討しましょう。不服申立（審査請求）と再裁定請求は同時に進めることもできます。

まとめ！
1. ただやみくもに認定してほしいと申し立ててもくつがえらない
2. 日本年金機構が行った処分の内容に対し、争点を明確にして不服を申し立てる
3. 反証するための資料を提出する
4. 審査請求にあたり、請求人が希望すれば、口頭で意見陳述ができる

● 審査請求の受理通知サンプル

表

令和〇〇年〇〇月〇〇日

石井 一郎 様

厚生局社会保険審議官

審査請求の受理について

　提出のありました石井一郎様の審査請求書については、要件を審理のうえ、受理しましたので通知します。
　これからの審理手続き等についてご説明します。

1. あなたは、社会保険審査官及び社会保険審査会法（以下「官会法」という。）第10条の3の規定により、本件の処分に関して文書その他の物件を提出することができますので、提出される場合には令和〇〇年〇〇月〇〇日までにご提出ください。
なお、審査請求時に、既にその提出を終えている場合はこの限りではありません。
2. あなたは、社会保険審査官に対し、官会法第9条の3の規定により口頭による意見陳述の開催を求めることができます。
　口頭意見陳述は、あなたの申立てに基づき、社会保険審査官が保険者、関係者を招集して行い、あなたは意見を述べ、保険者に対して質問をすることができます。口頭意見陳述の開催を求める場合は、令和〇〇年〇〇月〇〇日までに、当社会保険審査官までご連絡ください。

> 追加書類があれば、期日までに提出する

> 日本年金機構

> 口頭意見陳述を希望する場合は、期日までに連絡する

裏

　　口頭意見陳述を求める場合、実施場所は（　　　　　　　　　　）になり、実施場所までに要する交通費等については、出席者本人の負担になります。
　　また、保険者は、都合により出席できない場合があります。
3. 審理の結果は、社会保険審査官の決定書の謄本によって通知することとしております。その間に住所などの変更がありましたら、その都度社会保険審査官にお知らせください。
4. このほか、官会法第11条の3の規定による資料の閲覧・書面の交付を求めることができます。

[第6章] 不服申立 −結果に納得できないとき−

03 再審査請求のしかた 審査請求だけではあきらめない！

Point
1. 審査請求の決定書を読んで争点を明確にする
2. 審査請求だけであきらめない
3. さらに説得力のある資料などの提出を検討しよう

審査請求の決定書の内容をよく確認しよう

再審査請求に進む場合は、決定書の内容をしっかり読んで、**社会保険審査官が日本年金機構とは違う観点から棄却の処分を下していないか、確認**しましょう。再審査請求は本来、「はじめの決定」に対して不服を申し立てるものですが、社会保険審査官の決定内容も踏まえて再審査請求に進みましょう。

再審査請求は最後の申立

審査請求（社会保険審査官の審理）で認めてもらえなかったので、次もダメだろうとあきらめないでください。**再審査請求で認められる確率は、審査請求で認められる確率より高くなっています**。そのため、審査請求をしたら、あきらめずに再審査請求までいく覚悟でいましょう。

審査請求の決定書の判断内容により、必要に応じてさらに説得力のある資料の提出を検討します。

争点を明確にしよう

再審査請求書の「趣旨及び理由」は、書ききれない場合、別紙で作

成し添付します。文章だけでなく、主張が伝わりやすいように表など を載せてもかまいません。**争点を明確にし、主張の根拠を示して反証 しましょう。**

過去の類似事例を調べる

　厚生労働省のホームページで、過去の再審査請求の裁決例を見ることができます。**日本年金機構や社会保険審査会がどのように判断・決定しているのか類似の事例から参考になるものがあれば、それを引用して審査請求書・再審査請求書を作成するのもひとつの方法**です。

> 厚生労働省・裁決例一覧
> https://www.mhlw.go.jp/topics/bukyoku/shinsa/syakai/05.html

再審査請求書の提出から決定まで

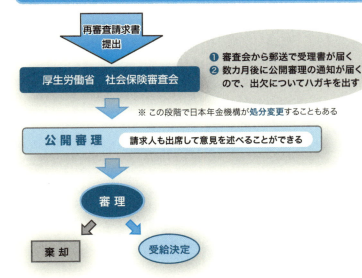

221

再審査請求書の提出

再審査請求書は、厚生労働省に電話して送ってもらうか、厚生労働省のホームページから印刷できます。

公開審理で直接意見を述べることもできる!

社会保険審査会の審理は公開で行われます。**再審査請求書を提出すると、数カ月後に公開審理のお知らせが届くので、出席の有無についてハガキで返信します。**

公開審理のメンバーは審査会（審査長・審査員）、参与、日本年金機構（保険者）、そして請求者本人（および代理人）も出席することができます。**目に見てわかるような障害であれば、その程度を直接確認してもらうことができ、意見を述べることもできます。**

ひとつの事案の審理は短い時間なので、意見を述べるときは要点を絞って端的に主張できるよう、事前に整理しておきましょう。

また当日は、保険者の意見が書かれた書面が渡されるので、早めに行って目を通し、公開審理に臨みましょう。

裁決書が届いたら

公開審理から数カ月後に裁決書が届きます。ここで受給が決定すれば苦労が報われますが、残念ながら棄却・却下の決定になることもあります。そのような場合、期限内であれば訴訟という手段で裁判に進む方法もあります。

しかし、裁判はハードルが高く時間もかかるので、お勧めできません。それよりも、**等級不該当で不支給になったのなら、事後重症請求で再度裁定請求することも可能**ですし、**初診日を争点とした却下の決定なら、新たな証明が出てきて、初診日が前にずれて裁定請求する**こともできるので、いろいろな可能性を考えてみましょう。

● 再審査請求書サンプル

表

再審査請求書

令和〇〇年〇〇月〇〇日

社会保険審査会　御中

私は下記のように社会保険審査会の決定を受けましたが、なお不服があるため再審査請求をします。

審査の決定をした社会保険審査官	関東信越厚生（支）局　〇〇〇〇社会保険審査官
社会保険審査官の決定年月日	平成・令和　元年　〇〇月　〇〇日
決定書の謄本が送付された年月日	平成・令和　元年　〇〇月　〇〇日
再審査請求をすることができる旨の教示の有無	あった　　　　なかった

再審査請求の趣旨及び理由
（右のいずれかに〇を付けてください。）
① 審査官に対して行った審査請求の趣旨及び理由と同じ。
2. 別紙（2枚目）[再審査請求の趣旨及び理由]に記載のとおり。

再審査請求人	フリガナ　氏名	石井　一郎
	住所	〒164-0000　東京都中野区中野〇-〇-〇
	連絡先電話番号	03（0000）0000

※ 代理人が請求される場合、以下に記入の上、委任状を併せて提出してください。

代理人	フリガナ　氏名	
（代理人が複数の場合は、代表者を記入してください。）	住所	〒
	連絡先電話番号	（　）

以下の欄は、審査官からの決定書に記載されている内容と**異なる場合**のみ記入してください。

被保険者、被保険者であった者又は受給権者、受給権者であった者	氏名			
	生年月日	明・大　昭・平・令　年　月　日	記号及び番号又は基礎年金番号	
遺族年金、未支給給付等、請求権等を請求した場合に、死亡された方のことを記入すること。	住所	〒		
	事業所所在地			
給付を受けるべき者	氏名			
遺族年金、未支給給付、埋葬料等を請求した場合に、請求された方のことを記入すること。	生年月日	明・大　昭・平・令　年　月　日	死亡者との続柄	
	住所	〒		
原処分者	名称　所在地			
原処分があったことを知った年月日	平成・令和　年　月　日			

決定書に記載されている社会保険審査官の名前と決定年月日を記入する

1または2のどちらかに〇をつける。2に〇をつけた場合、別紙（2枚目）に「再審査請求の趣旨及び理由」を記入する。任意の書式にまとめて添付することも可能

社労士などを代理人にするときは、委任状も提出する

裏

別紙

再審査請求の趣旨及び理由

（注1）なるべく簡潔に記入してください。箇条書きでも結構です。
（注2）再審査請求が再審査請求期間を過ぎた場合は、請求が遅れた理由も記載してください。

厚生労働大臣が平成〇〇年〇〇月〇〇日付けで行った障害基礎年金を支給しない旨の処分の取り消しを求めます。

書ききれない場合は別紙にまとめて添付する

223

審査請求と再審査請求は期限があるので、いざというときのために手順だけでも確認しておきましょう。

① 審査請求より再審査請求のほうが覆る可能性が高いので、審査請求であきらめずに、再審査請求まで進む
② 再審査請求は処分を知った日から2カ月以内に行わなければならない
③ 再審査請求の審理は公開で行われるので、請求人本人および代理人も参加して意見を述べることができる
④ 再審査請求で認められなくても、必ずしもこの先ずっと障害年金が受給できないということではない。再度請求できるケースもあり、また訴訟という手段もある

第7章 障害年金についての素朴な疑問

就労と障害年金の関係やほかの給付との調整について確認しましょう！

働きながら障害年金をもらうことはできるのでしょうか？ また、健康保険の傷病手当金や雇用保険の失業手当などをもらっても障害年金はもらえるのでしょうか？ 素朴な疑問を解消しましょう。

就労と障害年金の関係について知りたいこと、ほかの給付・制度の確認

✓	確認事項	内容	参照頁
✓	就労と障害年金の関係	就労と障害年金の関係について疑問を解消	226
✓	傷病手当金と障害年金	傷病手当金とは？ 障害厚生年金との関係	236
✓	雇用保険と障害年金	失業手当（失業給付）と障害年金の関係	241
✓	ほかの給付・制度・就労支援	障害のある人をサポートするほかの給付・制度・就労支援サービス	246

[第 7 章] 障害年金についての素朴な疑問

01 働いていても障害年金はもらえるの？

Point
① 働いていても障害年金をもらえる可能性はある
② 収入があっても必ずしも減額や支給停止されるわけではない

働いているというのはどの程度の労働を指すのか

　働いていても日常生活状態に支障がある場合、障害年金をもらえる可能性があります。厚生労働省の「障害年金受給者の就業率」（下図）では、65歳未満の1級～3級の就業率の合計は約43.1％となっています。

● **障害年金受給者の就業率（年金制度・等級・男女別）**

制度別、等級別、性別就業率　　　　　　　　　　　　　　　　（単位：％）

		年齢計			65歳未満（再掲）		
		計	男子	女子	計	男子	女子
厚生年金・国民年金計		34.0	40.1	26.7	**43.1**	48.5	35.9
厚生年金	計	36.2	39.9	28.6	43.7	48.0	34.7
	1級	13.5	15.1	8.6	19.8	22.4	12.1
	2級	29.6	34.2	20.2	35.4	40.6	24.9
	3級	58.6	63.8	48.9	62.8	67.7	53.4
国民年金	計	33.5	40.2	26.4	42.9	48.6	36.1
	1級	22.4	27.3	17.2	30.1	33.3	25.9
	2級	40.3	48.1	32.1	49.4	57.2	40.8

引用　「年金制度基礎調査（障害年金受給者実態調査）令和元年」厚生労働省

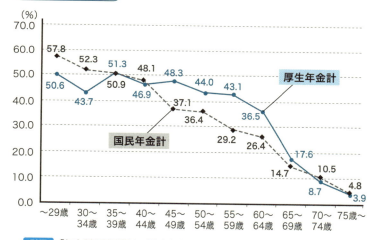

引用 「年金制度基礎調査(障害年金受給者実態調査)令和元年」厚生労働省

　ここで問題になるのが、「就労」がどの程度の労働のことをいうのかです。**障害認定においては、一般的な労働能力を指します。**

　働いているから、収入があるからといって**あきらめる前に、「厚生労働省の障害認定基準の障害の程度」に該当しそうかどうか**確認してみましょう。

　ただし、次頁の図のとおり、外部疾患と内科的疾患とでは判定に不公平が生じやすくなっています。

　不安な場合や納得できない場合は、身近なソーシャルワーカーや最寄りの年金事務所、街角の年金相談センターに相談したり、専門家の無料相談を活用して、疑問点を解消するようにしましょう。

外部疾患

❶ 眼の障害
❷ 聴覚の障害
❸ 鼻腔機能の障害
❹ 平衡機能の障害
❺ そしゃく・嚥下機能の障害
❻ 言語機能の障害
❼ 肢体の障害

> 数値や機能により障害状態を判定するため、等級がばらつく可能性は低い

内科的疾患

❽ 精神の障害
❾ 神経系統の障害
❿ 呼吸器疾患による障害
⓫ 心疾患による障害
⓬ 肝疾患による障害
⓭ 腎疾患による障害
⓮ 血液・造血器疾患による障害
⓯ 代謝疾患による障害
⓰ 悪性新生物による障害
⓱ 高血圧症による障害
⓲ そのほかの疾患による障害

> 日常生活状態や労働への制限について総合的に判定するため、等級がばらつく可能性が高い

外部疾患の場合は数値が明確なのでわかりやすい

　数値などにより等級が明確であるため、収入額や労働の状況、厚生年金の被保険者となっていても、労働については等級認定にほとんど影響ありません。

精神・神経系統、内科的（がん・難病など）疾患と就労

　障害年金の支給要件に「労働が著しい制限を受けるかまたは労働に著しい制限を加えることを必要とする」という文言が含まれている場合、就労の状況によっては支給停止につながる可能性があります。

● 精神の障害の就労に関する障害認定基準と等級判定ガイドライン

障害認定基準　第8節「精神の障害」

> A　統合失調症、統合失調症型障害及び妄想性障害並びに気分（感情）障害
> (3) 日常生活能力等の判定にあたっては、身体的機能および精神的機能を考慮のうえ、社会的な適応性の程度によって判断するよう努める。また、現に仕事に従事している者については、労働に従事していることをもって、直ちに日常生活能力が向上したものと捉えず、その療養状況を考慮するとともに、仕事の種類、内容、就労状況、仕事場で受けている援助の内容、ほかの従業員との意思疎通の状況などを十分確認したうえで日常生活能力を判断すること。

引用　国民年金・厚生年金保険　障害認定基準（https://www.nenkin.go.jp/service/jukyu/shougainenkin/ninteikijun/20140604.html）

精神の障害に係る等級判定ガイドライン（④就労状況）

> 精神の障害に係る等級判定ガイドラインの、[表2]総合評価の際に考慮すべき要素の例に記載されている、「④就労状況」の表には、共通事項、精神障害、知的障害、発達障害の4つに分けて、就労状況について考慮すべき要素や具体的な内容例が書かれています。この内容を参考に、どのような就労状況が等級判定の審査に考慮されるのかを把握し、仕事の中身や援助の内容を主治医にしっかり伝えてから診断書を書いてもらったり、病歴・就労状況等申立書にも書くようにしましょう。

参考　精神の障害に係る等級判定ガイドライン（https://www.nenkin.go.jp/service/jukyu/shougainenkin/ninteikijun/20160715.files/A.pdf）

就労状況については、精神用の診断書にだけ書く欄があるので、**就労状況を担当医に詳細に伝えておくことで、実態に即したものになります。**

ほかの障害については、厚生年金保険の被保険者記録で就労状況を一部確認することができますが、診断書の就労に関する記入欄や被保険者記録に載っている月額標準報酬からの情報だけでは表面的なことしか把握できないため、労働の実態が適切に伝わらないこともあります。

たとえば給与総額が月40万円の人の標準報酬月額は41万円ですが、休職や欠勤控除により8月の給与は無給または少額だったとしても、ただちに標準報酬月額は変動するわけではありません。

被保険者記録の標準報酬月額には41万円と表示されてしまうので、それを前提に見られてしまう可能性があります。

そのため、**労働条件と労働の実態が離れている場合には、より適切に就労状況の詳細を伝える**ようにします 122～123頁参照 。

現在、就労している場合、実態を適切に伝える方法

● 申請書類に、実態を適切に伝える書類を添付する

前述のとおり、被保険者記録や精神の診断書の就労に関する記入欄だけでは、労働の実態を伝えるのが難しいケースがあります。

たとえば、「病歴・就労状況等申立書」 98～99頁参照 の余白に就労状況の実態を記入したり、個別の申立書を作成して追加提出したり、厚生労働省の「日常生活及び就労に関する状況について（照会）」を参考 122～123頁参照 に詳しい日常生活や就労の状況を記入したものを添付したりして、最初からより具体的な労働の実態を適切に伝えることもひとつの方法です。

必須の提出書類のみでは伝わるか不安な場合には、上記の書類を提出することで、適正な認定へとつながるよう工夫してみましょう。

働きはじめたら、障害年金はいつ支給停止になる？

働きはじめても、直ちに障害年金が支給停止されるわけではありません。永久認定以外は、定期的に診断書を提出して更新します 193～194頁参照 。この診断書を「障害状態確認届」といい、医師が書いた内容によっては支給停止になる可能性もあります。

たとえば、**日常生活状態が改善されていたり、労働が支障なくできていたりすることが診断書から読み取れる場合は、支給停止になる可**

能性が高まります。

障害状態確認届は、提出年月日が決められているので、更新月の前から準備をしておくことが大切です。**次回の提出年月日に向けて、主治医に就労の詳しい実態や就労時の支障や休職のことを随時伝えてカルテに記録してもらい、診断書を記載してもらうことや、就労の実態を詳しく書いた書類（ 124頁参照 ）を活用してもいいでしょう。**

障害年金は資産や収入があってももらえるの？

障害年金は保険なので、原則収入の要件を問いません。生活保護と異なり、**資産や収入があっても受給できます。**ただし、**20歳前傷病による障害基礎年金には所得制限があります。**20歳前傷病の障害基礎年金については、年金保険料の納付義務が発生する前に初診日があり、受給者本人が保険料を納付していないためです。次のとおり2段階制の所得制限（2分の1支給停止、全額支給停止）が設けられています。

| 全額支給 | 2分の1 支給停止 / 2分の1 支給 | 全額支給停止 |

2人世帯の場合
※令和4年4月1日時点

所得額が408万4,000円を超えた ⇒ 年金額の2分の1相当額が支給停止

所得額が510万1,000円を超えた ⇒ 全額支給停止

1人世帯の場合

所得額が370万4,000円を超えた ⇒ 年金額の2分の1相当額が支給停止

所得額が472万1,000円を超えた ⇒ 全額支給停止

世帯人数が増加した場合

※下記の金額が所得制限額に加算される

扶養親族　　　　　　　　　　　　　：1人につき38万円

老人控除対象配偶者または老人扶養親族：1人につき48万円

特別扶養親族等　　　　　　　　　　：1人につき63万円

[第7章] 障害年金についての素朴な疑問

02 障害年金をもらっていることを会社や他人に知られたくない

Point
❶ 自分からほかの人に話さない**かぎり知られることはほぼない**
❷ 障害年金は**確定申告する必要がない**

障害年金をもらっていることを他人に知られることはあるの？

　個人の年金記録は個人情報に該当するので、本人からの委任状がないかぎり、会社や家族も勝手に確認することはできません。

　一般的に、**本人から会社や他人に情報を伝えなければ、障害年金をもらっていることを知られることはありません。**

　もし他人に知られることがあるとしたら、どんなケースがあるかというと、次のようなイレギュラーケースになります。

障害年金をもらっていることを他人に知られるケース
❶ 市区町村役場や年金事務所へ障害年金の手続きや相談に行った際、近所の人に姿を見かけられ、声が漏れてしまった場合（窓口の担当者に声が漏れないように配慮してもらうことで防げる）
❷ 同居や同棲している家族などに、日本年金機構などから送られてきた障害年金に関する書類が同封された封筒を勝手に開けられてしまった場合

障害年金をもらっていることを会社に知られることはあるの？

障害者雇用の関係により、障害者手帳の情報を会社に提供することはありますが、**障害年金をもらっているかどうかの情報提供については、在職中に傷病手当金** 236頁参照 **をもらっている場合など、ごくかぎられたケース**となります。

障害年金をもらっていることを会社に知られるケース

❶ 傷病手当金をもらっている最中に、同時に障害年金をもらう場合、傷病手当金の申請書に障害年金をもらっている最中であることを記載する欄があるので、人事担当者を通じて会社に障害年金もらっている最中であることを知られる ⇒ どうしても会社に障害年金をもらっていることを知られたくないなら、同一傷病で会社を休んでも傷病手当金を申請しないようにする

❷ 家族の勤務先に障害年金をもらっていることを知られる可能性は次の2つ
- 障害年金をもらっていると扶養から外れるとき
- 障害年金をもらっている最中に新たに家族の扶養に入るとき

社会保険の扶養に入れる要件は、障害のある人の場合、収入が180万円未満まで。扶養から外れるときも扶養に入るときも、家族の勤務先の手続きが必要になるので、健康保険によっては障害年金の受給額を確認できる年金通知書の写しなどの提出を求めることがある

まとめ！

❶ 障害年金をもらっていることは自分から話さなければ、原則、他人に知られることはない

❷ ただし、同一傷病で障害厚生年金と同時に傷病手当金をもらう場合には、会社に知られることがある

[第7章] 障害年金についての素朴な疑問

03 障害年金を請求するタイミングはいつがいい？

Point
1. 日常生活や労働に支障が出て、**働くことが難しい状態が続いているとき**
2. 就労によって等級認定が左右されない**病気やケガ、数値や認定基準で障害等級に該当することが明確**であるときは、できるだけ早めに手続きを進める
3. 精神疾患など状態に波があり、**就労によって等級判定が影響を受けやすい病気**は、一時的に調子のいいときではなく、❶のタイミングで手続きする

障害年金の手続きの理想的なタイミング

　障害年金の等級判定は、病気 228頁参照 によっては就労状況に影響を大きく受けます。特に厚生年金の被保険者の場合、社会保険加入の資格を得られる程度には働けると捉えられてしまい、2級以上に認定される可能性は下がることがあります。また、**障害年金は書面審査なので、症状のいいときよりは悪化しているときの症状が書かれた診断書のほうが、上位の等級がつきやすくなります。**

　長期的・総合的には障害状態に該当する可能性が高くても、一時的にたまたまタイミングが悪くて不支給になってしまったという事態を防ぐために、障害年金の手続きは次のようなタイミングの検討が考えられます。

　退職直前　継続して働けなくて会社を退職することが決まっているときは、急いで障害年金の手続きをするより、退職後に主治医に診断書を書いてもらってから手続きを進める

> **退職後** 速やかに障害年金の手続きを進める。働けないことが理由で退職する場合は、2級以上の可能性が高くなる
> **求職活動中** できるだけ就職前に障害年金の手続きを完了させる
> **普段よりもたまたま症状が改善されているとき** たまたま一時的に症状が改善されているタイミングで障害年金の診断書を書いてもらうより、平均的な症状や悪化して不安なときこそ診断書を書いてもらう

障害年金を請求する手続きのタイミングも大切ですが、就職する大切な機会を失ってしまっては本末転倒です。**無理に請求手続きの時期を延ばしたり、就職時期を調整したりすることは避けましょう。**

障害年金は1度しか請求できないものではありません。手間や診断書などの取得費用はかかりますが、**症状が悪化したときに再度請求手続きをすることもできます。**

> 特に精神疾患などの波のある病気であれば、症状が重く外出や労働ができないときは医療機関への受診を延ばすこともあるでしょうし、障害年金の手続きをするのは大変かもしれませんが、つらい状態が続いて日常生活に支障が出ているときこそ請求手続きをしましょう。

まとめ！

1. 障害年金の請求手続きのタイミングは、病気 [228頁参照] によっては、求職中の場合はできるだけ就職前に、退職直前の場合には退職後に、出勤可能で元気な期間よりは労務不能な休職期間中に進めたほうが障害等級に該当する可能性が高くなる
2. 一時的に症状が改善されているタイミングで診断書を書いてもらうのは避ける
3. 日常生活や労働に支障が出て、先のことを考えると不安なタイミングで、主治医に相談して診断書を書いてもらう

[第7章] 障害年金についての素朴な疑問

傷病手当金とは？
障害厚生年金との関係

Point
❶ 障害厚生年金は 併給調整(へいきゅうちょうせい) あり。障害基礎年金のみの場合は調整なし
❷ 障害厚生年金をさかのぼってもらう場合、同じ期間に同じ病気やケガで傷病手当金をもらっていたら返納しなければならない
❸ 傷病手当金をもらっている間でも、障害年金の受給要件を満たす場合は請求手続きを検討する

併給調整❶ 傷病手当金と障害厚生年金は同時にもらえるの？

　傷病手当金とは、業務外の病気やケガが原因で働けなくなったときに給料の一部の金額（標準報酬日額の3分の2）が支給されるものです。支給開始日（療養のために3日間連続で会社を休んでから4日目）から、通算1年6カ月を限度に健康保険から支給されます。病気やケガのために会社を休み、仕事に就くことができない状態の日とは、医療担当者の意見などをもとに判断されます。同一の病気やケガに関する傷病手当金の支給期間が、通算して1年6カ月に達する日まで対象となります。途中で就労して傷病手当金が支給されない期間がある場合には、支給開始日から起算して1年6カ月を超えても、繰り越して支給されます。

　本人が協会けんぽか健康保険組合に被保険者として加入している必要があります。

　傷病手当金と障害厚生年金は、同じ病気やケガが原因で支給される場合は、同時に両方からもらうことはできないため、次のように調整されます。これを併給調整といいます。

> **日額計算の求め方**
> **傷病手当金の日額** 標準報酬月額 ÷ 30日 × $\frac{2}{3}$
> **障害年金の日額** 障害年金の年額 ÷ 360日

❶ 傷病手当金＞障害厚生年金＋障害基礎年金
傷病手当金から差額が支給される

　障害厚生年金（同じ理由で障害基礎年金ももらえる場合、その年額との合算額）の年間金額を360で割った金額が傷病手当金の1日あたりの金額より少なければ、その差額のみ支給されます。

例 傷病手当金の日額が6,000円、障害厚生年金の年間金額が180万円の場合

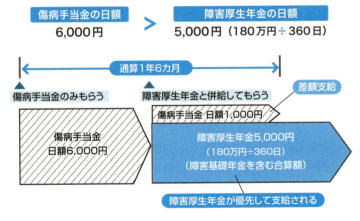

❷ 傷病手当金＜障害厚生年金＋障害基礎年金
傷病手当金は支給されない

同じ病気やケガが原因で両方もらえる場合は、傷病手当金は支給停止され、障害年金の支給が優先されます。

例 傷病手当金の日額が4,000円、障害厚生年金の年間金額が180万円の場合

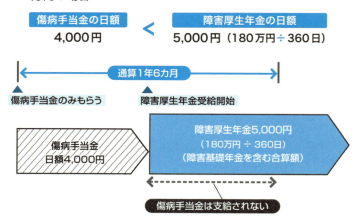

❸ 傷病手当金＋障害基礎年金のみ 両方支給される

障害基礎年金だけをもらう場合 41頁参照 は併給調整されないので、傷病手当金も受け取れます。たとえば、障害年金の対象となっている病気やケガの初診日に、自営業者、学生、専業主婦で国民年金に加入していた人です。

障害基礎年金をもらいはじめてから働き出せば、厚生年金に加入し、障害基礎年金の対象となっている病気やケガと同じ病気やケガで傷病手当金をもらうことになっても、併給調整されずに両方もらうことができます。

併給調整❷ 障害厚生年金が支給されるタイミング

障害厚生年金が支給されるタイミングは、どの請求方法（認定日請求・事後重症請求 61頁参照 ）で支給決定されたかで決まります。

❶ 認定日請求で支給決定された場合

障害認定日 59頁参照 **の翌月分から、もらえる年金額の対象**となります。障害認定日の原則であれば、初診日から１年６カ月が経過した日が属する月の翌月分からです。障害認定日の特例に該当する場合は、症状固定した日が属する月の翌月分からです。ただし、遡及請求 62頁参照 の場合、障害認定日が５年以上前でも、さかのぼってもらえるのは時効によって５年分となります。

❷ 事後重症請求で支給決定された場合

請求月（障害年金の請求手続きが完了した月＝受付日の属する月）の翌月分から、もらえる年金額の対象となります。

つまり前記の❶❷のタイミングによって、障害年金の年金対象月と傷病手当金のもらえる対象日が重なる場合には、日割りで併給調整されます。一方、たとえば障害認定日で支給決定された場合、初診日に近い日から通算１年６カ月間の傷病手当金を途中で就労などすることなくもらい終えて、障害年金と受給期間が重ならない場合は、調整されません。障害年金を請求するための要件に該当し、必要書類も準備できる場合には、❶と❷を同時に請求することもできます。❷のみを請求する場合には、請求する月が遅れるほど、年金額の対象となる月も後倒しになってしまうので、できるだけ早めに必要書類を準備して請求手続きを完了するようにしましょう。

障害年金をさかのぼって請求する場合の傷病手当金に関する注意点

障害厚生年金をさかのぼってもらう場合、その期間に同じ病気やケガによって傷病手当金の受給を受けた期間があれば、**本来支給停止されていたはずの傷病手当金の額を返納する必要があります**。

傷病手当金と障害厚生年金、両方同時期に受給対象になる場合

● 傷病手当金の受給が終わってから障害年金の手続きをすれば大丈夫？

　厚生年金の被保険者期間中に病気やケガで療養することになった場合、多くのケースで先に傷病手当金の申請をして、障害認定日（原則初診日から１年６カ月）になってから障害年金の請求を考えます。

　傷病手当金をもらっているということは、働けないということで障害年金の２級以上に該当する可能性があるので、同時に要件を満たしている場合は特別な理由がなければ、傷病手当金をもらっている間に障害年金の手続きを進めることを検討しましょう。

　障害年金の請求手続きの開始から実際に支給決定されて入金されるまでに６カ月はかかる可能性が高いため、その間に傷病手当金をもらえたほうが経済的に安心できます。手続きは協会けんぽか健康保険組合でできるので、まずは会社の人事担当者に確認してみましょう。

協会けんぽ 傷病手当金支給申請書の書き方

　傷病手当金支給申請書には、被保険者（本人）記入欄、事業主（会社）記入欄、医療担当者（主治医）記入欄があります。また、障害厚生年金・障害手当金について記入する欄があります。

　健康保険組合の場合は、上乗せ給付がある場合もあります。

まとめ！

1. 同一の病気やケガで同じ時期に傷病手当金と障害厚生年金をもらえる場合は、障害厚生年金が優先され、傷病手当金は調整される
2. 障害基礎年金のみもらえる場合は、傷病手当金との調整はない
3. 障害厚生年金をさかのぼってもらった期間が、傷病手当金をもらった期間と長期間重なる場合は、支給停止されるはずだった多額の傷病手当金を健康保険の保険者に返納する必要が生じる

[第7章] 障害年金についての素朴な疑問

05 障害年金をもらっていても雇用保険の失業手当はもらえるの？

Point
❶ 雇用保険の失業手当（基本手当）と障害年金は同時にもらえる
❷ 病気やケガですぐに求職活動できない場合は、延長の手続きができる

失業手当と障害年金は調整されることなく同時にもらえる

❶ 失業手当とは？

「失業手当」とは、一般に「基本手当」や「失業保険」と呼ばれている雇用保険の給付で、失業中の生活を保障するための制度です。失業したときに、働く意思や能力があるにもかかわらず、職業に就くことができない状態にある人に支給されます。

❷ もらうための要件

原則、離職の日以前2年間に被保険者期間が通算して12カ月以上必要です。もらえる金額は退職前の6カ月の給与から計算され、給付が受けられる日数は、年齢と勤続年数、離職理由によって決まります。

自己都合で退職した場合は給付制限があり、原則2カ月待たないと受給できません。病気やケガが理由で退職して特定理由離職者に認められると、2カ月の給付制限なくもらえます。特定理由離職者の認定には、医師の証明が必要になります。また障害を持っている人は、就職困難者として一般の人より給付日数が多くもらえます。

241

● 雇用保険の失業手当の所定給付日数

❶ 倒産・解雇などによる離職者（❸を除く）

離職した日の満年齢 \ 被保険者であった期間	6カ月以上1年未満	1年以上5年未満	5年以上10年未満	10年以上20年未満	20年以上
30歳未満	90日	90日	120日	180日	－
30歳以上35歳未満	90日	120日	180日	210日	240日
35歳以上45歳未満	90日	150日	180日	240日	270日
45歳以上60歳未満	90日	180日	240日	270日	330日
60歳以上65歳未満	90日	150日	180日	210日	240日

❷ 倒産・解雇など以外の理由による離職者（❸を除く）

離職した日の満年齢 \ 被保険者であった期間	1年未満	1年以上5年未満	5年以上10年未満	10年以上20年未満	20年以上
65歳未満共通	－	90日	90日	120日	150日

❸ 就職困難者

離職した日の満年齢 \ 被保険者であった期間	1年未満	1年以上
45歳未満	150日	300日
45歳以上65歳未満	150日	360日

参考　厚生労働省ホームページ（https://www.mhlw.go.jp/new-info/kobetu/roudou/gyousei/hoken/dl/040330-2b-20.pdf）

退職後に病気やケガで働けない場合は、失業手当の延長ができる

　失業手当は、働ける状態にないともらうことができません。**30日以上働けないような状態のときは、受給期間（もらえる期間）の延長の申請をしておきましょう。**

　失業手当をもらえる期間は原則1年間ですが、その間に病気やケガで働くことができないときは3年間延長することができ、もらえる期間は最長4年になります。

障害年金と失業手当は同時に両方受給できるので、病気やケガによって、現職で働き続けることが難しくなって退職したとしても、障害年金を受給しながら、時間をかけて働ける仕事を探すことができます。

❶ 障害年金と雇用保険の失業手当は同時にもらえる
❷ 退職後に病気やケガで、すぐに求職活動できない場合、失業手当受給期間は最長4年まで延長できる
❸ 退職後は、早めにハローワークへ行って失業手当の相談をする

[第7章] 障害年金についての素朴な疑問

06 障害年金と労災保険は同じ理由でもらえるの？

Point
1. **障害年金の支給が優先**され、傷病（補償）年金・障害（補償）年金は、**減額調整**される
2. 20歳前障害による障害基礎年金と労災保険法の年金給付がもらえる場合、**20歳前障害基礎年金**が**全額支給停止**される

労災保険をもらっている場合でも障害年金はもらえるの？

労働者災害補償保険の障害補償給付（障害補償年金または障害年金）・傷病補償給付（傷病補償年金または傷病年金）と障害年金（障害基礎年金・障害厚生年金）を、**同一の支給理由でもらう場合、障害年金は全額支給され、労災保険の給付が減額されます。**

ただし、調整された労災給付の年額と、障害年金額の合計額が、調整前の労災給付の年額より低額になる場合、調整前の労災給付の年額から障害年金をマイナスした金額が労災給付の額となります。つまり、**減額するにあたって、調整後の労災給付と障害年金の合計額が、調整前の労災給付の額よりも少なくなることがないよう調整されます。**

労災給付の減額率は次のとおりになります。

支給される障害年金の種類	労災給付（障害補償年金・障害年金、傷病補償年金・傷病年金）の減額率
障害基礎年金と障害厚生年金 （障害厚生年金1級・2級）	0.73 ［27%減額］
障害厚生年金のみ （障害厚生年金3級）	0.88 ［12%減額］ （平成28年4月1日から減額率改正） 労災の給付が傷病補償年金または傷病年金の場合

支給される障害年金の種類	労災給付（障害補償年金・障害年金、傷病補償年金・傷病年金）の減額率
障害厚生年金のみ （障害厚生年金3級）	0.83（17％減額） 労災の給付が障害補償年金または障害年金の場合
障害基礎年金のみ （初診日に国民年金に加入し、障害等級1級・2級）	0.88（12％減額）

20歳前傷病による障害基礎年金と労災保険法の年金給付の場合

20歳前傷病による障害基礎年金と労災保険法の年金給付を受けることができるときは、20歳前障害基礎年金が全額支給停止されます。

また、**労災保険法の障害補償一時金は併給調整の対象にはならない**ため満額もらうことができます。

20歳前障害基礎年金の場合、労災保険法の年金給付を受けることができるときは、「同一事由であるかを問わず」労災保険法の年金が全額支給され、障害基礎年金は支給停止されます！

❶ 傷病（補償）年金・障害（補償）年金と障害年金とでは、障害年金の支給が優先され、労災給付は減額調整される
❷ 20歳前障害による障害基礎年金は、労災の年金給付がもらえる場合、全額支給停止される

[第7章] 障害年金についての素朴な疑問

障害のある人をサポートする給付・制度・就労支援サービス

Point
1. 障害年金とほかの給付は併給できるものとできないものがある
2. 自立支援医療の対象になる場合は医療費の負担が軽減される
3. 障害年金のほかに活用できる国の給付やサービスを把握する

労災保険や健康保険、雇用保険、生活保護との調整早わかり表

まずは、労災保険や健康保険、雇用保険、生活保護など、障害年金と併用できる制度を下表にまとめたので見ておきましょう。

給付（制度）	内容	障害年金と併給
傷病手当金 （健康保険法）	障害基礎年金のみの場合は、両方もらえる。障害厚生年金の場合は、障害年金が優先され全額支給される。障害年金よりも傷病手当金の日額のほうが多い場合は、差額が傷病手当金から支給される	障害年金が優先される。傷病手当金は減額調整される
失業手当 （雇用保険法）	失業手当（雇用保険の失業給付）の受給対象者で、求職活動ができる人は両方調整されずにもらえる	両方もらえる
傷病（補償）年金・障害（補償）年金 （労災保険法）	障害年金の支給が優先される。傷病（補償）年金・障害（補償）年金は、減額調整される。ただし、20歳前障害による障害基礎年金と労災保険法の障害補償給付を同一の支給理由でもらう場合、20歳前障害基礎年金が全額支給停止される	障害年金が優先される。傷病・障害（補償）年金は減額調整される。ただし、20歳前障害基礎年金の場合は障害年金が全額支給停止される

246

給付（制度）	内容	障害年金と併給
障害補償 （労働基準法）	同じ傷病が原因で支給される場合は、障害年金は6年間支給停止となる	併給できない
生活保護による給付 （生活保護法）	最低生活費と収入（障害年金を含む）との差額が生活保護費として支給される	障害年金が優先される。生活保護は減額調整される
第三者行為による損害賠償金（民法）	第三者の行為が原因で保険事故が発生、第三者から損害賠償金を受けた場合、障害年金は事故日の翌月から最長で36カ月支給停止される	一定期間併給できない

そのほかの制度❶ 年金生活者支援給付金

消費税率引き上げ分を活用し、**公的年金などの収入や所得額が一定基準額以下の年金受給者の生活を支援するために、上乗せ給付される年金生活者支援給付金という制度**が2019年10月から開始されました。

障害年金をもらっている人が対象となるためには、次の要件をともに満たす必要があります。

支給要件

❶ 障害年金1級または2級の人
❷ 前年の所得が「472万1,000円＋扶養親族の数 × 38万円※」以下
※ 同一生計配偶者のうち、「70歳以上または老人扶養親族」の場合48万円、「特定扶養親族または16歳以上19歳未満の扶養親族」の場合63万円。

給付額

| 障害等級2級 | 5,450円（月額） |
| 障害等級1級 | 6,813円（月額） |

※令和7年4月1日時点の金額です。

年金生活者支援給付金をもらうには、「**年金生活者支援給付金請求書**」を年金事務所に提出します。

● 年金生活者支援給付金請求書サンプル

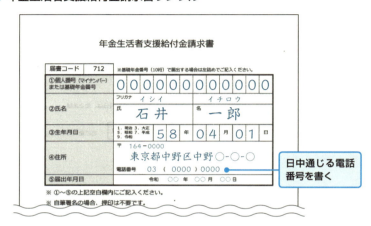

そのほかの制度❷ 高額療養費（高額な医療費を支払ったとき）

手術や入院などをして高額な医療費を支払ったときには、高額療養費で払い戻しが受けられます。**高額療養費とは、1カ月あたりにかかった医療費の自己負担額が高額になった場合、一定の金額（自己負担限度額）を超えた分が、あとで払い戻される制度**です。

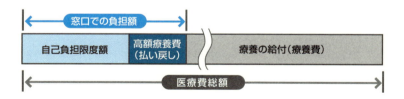

自己負担限度額は年齢・収入によって変わります。病院の窓口で教えてくれるところも増えましたが、申請しないと還付されないので覚えておきましょう。

高額療養費をもらうには、「健康保険高額療養費支給申請書」を加入している健康保険の保険者に提出します。

そのほかの制度❸ 限度額適用認定証

医療費が高額になることが事前にわかっている場合には、高額療養費の現物給付である「限度額適用認定証**」を医療機関の窓口に被保険者証と一緒に提示する方法が便利**です。加入している健康保険で先に必要な手続きを行い、「限度額適用認定証」を発行してもらいます。

「限度額適用認定証」を窓口で提示することで負担が限度額までに抑えられ、窓口で高額な医療費を支払わなくてすみます。給付額・限度額は高額療養費と同じです。

1度支払ったあとに戻ってくるのが高額療養費、限度額以上支払わなくてすむのが限度額適用認定証**です。**

限度額適用認定証を受け取るには、「限度額適用認定申請書**」を加入している健康保険に提出**します。

そのほかの制度❹ 高額医療費貸付制度

高額療養費の払い戻しには、診療月から3カ月以上かかります。抗がん剤治療など、驚くほど高額な医療費がかかることもあります。

そんなときには、**医療費の支払いに充てる資金として、高額療養費支給見込額の何割か（加入している制度によって異なります）を無利子で貸付する「**高額医療費貸付制度**」があります。**

Caution❗ 自己負担額は世帯合算できる

多額の医療費がかかった場合、自己負担額は世帯で合算できる軽減措置があります。その合算した額が自己負担限度額（次頁表参照）を超えた場合は、超えた額が払い戻されます。

合算できるのは、同じ健康保険の被保険者と被扶養者の分となります。

世帯合算できる自己負担額

❶ 同じ世帯の人が同じ月に病気やケガをして医療機関で受診した場合
❷ ひとりで複数の医療機関で受診した場合
❸ ひとつの医療機関で入院と外来で受診した場合

● **自己負担限度額（70歳未満の人の区分）**　　平成27年1月診療分から

所得区分	自己負担限度額	多数該当[※2]
❶ **区分ア** （標準報酬月額83万円以上の人） （報酬月額81万円以上の人）	25万2,600円＋（総医療費[※1] －84万2,000円）×1%	14万100円
❷ **区分イ** （標準報酬月額53万〜79万円の人） （報酬月額51万5,000円以上〜 81万円未満の人）	16万7,400円＋（総医療費[※1] －55万8,000円）×1%	9万3,000円
❸ **区分ウ** （標準報酬月額28万〜50万円の人） （報酬月額27万円以上〜 51万5,000円未満の人）	8万100円＋（総医療費[※1] －26万7,000円）×1%	4万4,400円
❹ **区分エ** （標準報酬月額26万円以下の人） （報酬月額27万円未満の人）	5万7,600円	4万4,400円
❺ **区分オ**（低所得者） （被保険者が市区町村民税の非課税 者など）	3万5,400円	2万4,600円

※1　総医療費とは、保険適用される診察費用の総額（10割）。
※2　診療を受けた月以前の1年間に、3カ月以上の高額療養費の支給を受けた（限度額適用認定証を使用し、自己負担限度額を負担した場合も含む）場合には、4カ月目から「多数該当」（次頁参照）となり、自己負担限度額がさらに軽減される。

注　「区分ア」または「区分イ」に該当する場合、市区町村民税が非課税であっても、標準報酬月額での「区分ア」または「区分イ」の該当となる。

参考　協会けんぽホームページ（https://s3-ap-northeast-1.amazonaws.com/va-image-original-v1/GLxVwj5n/uploaded_files/original/08235ffd-37fb-46fe-a661-1406fe948c79.png）

● 多数該当高額療養費

高額療養費の払い戻しを受けた月数が直近12カ月で3カ月以上あったとき、4カ月目以降を多数該当高額療養費として、自己負担限度額がさらに引き下げられます。 多数該当時の限度額も年齢・収入別に定められています。

70歳未満の人の場合、受診者別に次の自己負担額の基準によって、それぞれ算出された1カ月の自己負担額が2万1,000円以上のものを合算します。自己負担限度額は、年齢および所得状況などにより異なります。

> **自己負担額の基準**
> ❶ 医療機関ごとに計算し、同じ医療機関であっても、医科入院、医科外来、歯科入院、歯科外来に分けて計算する
> ❷ 医療機関から交付された処方せんにより調剤薬局で調剤を受けた場合、薬局で支払った自己負担額を処方せんを交付した医療機関に含めて計算する

70歳以上の人は、自己負担額をすべて合算できます。 70歳未満の人と自己負担限度額が異なるので、加入している協会けんぽまたは健康保険組合に確認しましょう。

そのほかの制度❺ 自立支援医療（精神通院医療）

自立支援医療制度のひとつである「精神通院医療」は、通院による精神医療を続ける必要がある病状の人に対し、通院医療費の自己負担を軽減するための公費負担医療制度です。

精神通院医療の範囲は、医療機関に入院しないで行われる医療（外来、外来での投薬、デイ・ケア、訪問看護などが含まれる）です。

対象となるのは、精神障害によって通院による治療を続ける必要がある人です。

対象となる精神疾患

❶ 病状性を含む器質性精神障害（F0）
❷ 精神作用物質使用による精神および行動の障害（F1）
❸ 統合失調症、統合失調症型障害および妄想性障害（F2）
❹ 気分障害（F3）
❺ てんかん（G40）
❻ 神経症性障害、ストレス関連障害および身体表現性障害（F4）
❼ 生理的障害および身体的要因に関連した行動症候群（F5）
❽ 成人の人格および行動の障害（F6）
❾ 精神遅滞（F7）
❿ 心理的発達の障害（F8）
⓫ 小児期および青年期に通常発生する行動および情緒の障害（F9）
※ ❶～❺は高額治療継続者（いわゆる「重度かつ継続」）の対象疾患

精神疾患の具体例

うつ病・躁うつ病などの気分障害、統合失調症・不安障害・知的障害・てんかん・薬物などの精神作用物質による急性中毒またはその依存症・PTSDなどのストレス関連障害・アルツハイマー病型認知症・血管性認知症
など

対象の人の医療費の自己負担額は、自立支援医療にかかった費用の10%です。通常、健康保険の自己負担30％ですが、そのうち20％が軽減されることになります。

症状がほとんどなくなっている人でも、軽快状態を維持し、再発を予防するために通院治療を続ける必要がある場合は対象となります。

また、**医療費が高額な治療を長期間にわたって続けなければならない人（＝重度かつ継続）で、市町村民税課税世帯の人は、さらに負担が軽減**されます（次頁図参照）。

住んでいる市町村の担当窓口で申請し、認められると「<u>自立支援医療受給者証</u>」が交付されます。詳しくは、市町村の担当課や住んでいる地域にある精神保健福祉センターに問いあわせましょう。

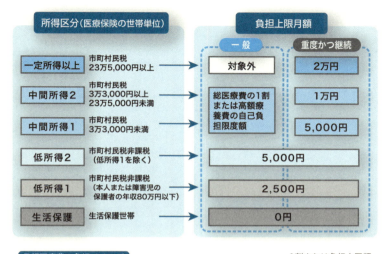

※ 年齢などにより異なる場合があります。

参考　厚生労働省リーフレット・ホームページ

そのほかの制度❻　障害のある人の就労を支援するサービス

　現在は働いているけれどこの先働き続けるのが困難となり、退職してしばらく休養したあとに再就職したい場合や、自分にあった職場に転職したい場合などに頼れるサービスがあります 次頁表参照 。ひとりで悩まずに、連絡をしてみることで解決できるかもしれません。

● 就労支援サービスの窓口

こんな人が対象	相談窓口・支援機関	支援内容
働きたいけど、何からはじめたらいいのかわからない。就職に向けて受けられる制度や支援を知りたい	障害者就職・生活支援センター（厚生労働省や都道府県から社会福祉法人やNPO法人に委託）	行政機関や特別支援学校、福祉施設などの関係機関と連携し、障害者の就労支援およびそれに伴う日常生活をサポート
	ハローワーク	求職登録を行い、具体的な就職活動の方法などの相談や指導を行う。専門的な支援が必要な人には「地域障害者職業センター」を紹介する。そのほか、職業紹介、公共職業訓練、障害者のさまざまな状況に応じた多様な委託訓練、職場適用訓練、継続雇用の支援、障害者トライアル雇用などについての相談・支援もしている
就職に向けた課題や自分にあった仕事を知りたい。専門的な職業評価を受けたい。課題の改善や適応能力の向上を図るための支援を受けたい	地域障害者職業センター	障害者に対する専門的な職業リハビリテーションサービス、事業主に対する障害者の雇用管理に関する相談・援助、地域の関係機関に対する助言・援助をしている
仕事や職場でのコミュニケーションがうまくいかないので、ジョブコーチの支援を受けたい。職場に適応できるか不安なので、専門的な支援を受けながら就労したい	地域障害者職業センター	職場適用援助者（ジョブコーチ）支援事業。事業所にジョブコーチを派遣し、障害者や事業主に対し、雇用の前後を通じて障害特性を踏まえた直接的・専門的な支援をしている

こんな人が対象	相談窓口・支援機関	支援内容
うつ病などで休職しているが、もとの職場へ復帰するために専門的な支援を受けたい	地域障害者職業センター	精神障害者の職場復帰支援（リワーク支援）。主治医との連携のもと、職場復帰に向けたコーディネート、生活リズムの建て直し、リハビリ出勤による復職前のウォーミングアップ、職場の受け入れ体制の整備などの支援をしている
がん・脳卒中・肝疾患・難病など、反復、継続して治療が必要な疾病を抱える人	産業保健総合支援センター（各都道府県に設置）	治療と仕事の両立支援に関する相談窓口を設置し、患者（労働者）やその家族、事業場関係者や産業保健スタッフらの相談を受けている。事業所と医療機関と連携を図りながら、必要な支援をしている
発達障害児（者）とその家族	発達障害者支援センター（都道府県・指定都市自ら、または都道府県知事などが指定した社会福祉法人、特定非営利活動法人などが運営）	発達障害児（者）への支援を総合的に行うことを目的とした専門的機関。発達障害児（者）とその家族が豊かな地域生活を送れるように、保健、医療、福祉、教育、労働などの関係機関と連携し、地域における総合的な支援ネットワークを構築しながら、さまざまな相談を受け、指導と助言をしている
難病の患者およびその家族そのほかの関係者	難病相談・支援センター（都道府県および指定都市に設置）	難病の患者の療養生活に関する問題について相談を受け、必要な情報の提供および助言などをし、難病の患者の療養生活の質の維持向上を支援することを目的とする施設

（次頁に続く）

こんな人が対象	相談窓口・支援機関	支援内容
就職に向けての訓練から就職後の定着支援までを一貫して受けたい	就労移行支援事業所（利用する場合は市区町村の障害福祉窓口で利用申請する）	一般就労などへの移行に向けて、就労移行支援事業所内での作業や、企業における実習、適性にあった職場を探し、就労後の職場定着のための支援をする（利用期間は原則2年以内）。どのような支援があるのか知りたい人は、インターネットで事業所のサイトを調べるか、自治体の障害福祉窓口などに問い合わせしてみる。通院している医療機関にソーシャルワーカーがいる場合は相談してみるとスムーズ
現段階で一般的な仕事に就くことが難しい人、仕事に就くために訓練したい人	取り扱いのある事業所	**就労継続支援A型・雇用型** 雇用契約に基づく仕事に就く機会を提供するとともに、仕事に就くために必要な知識・能力の向上のために必要な訓練者支援をしている（直接事業所に問い合わせたり、住んでいる市区町村の障害福祉窓口に相談する）
	取り扱いのある事業所	**就労継続支援B型・非雇用型** 仕事や生産活動の機会を提供するとともに、仕事に就くために必要な知識・能力の向上のために必要な訓練や支援をしている（直接事業所に問いあわせたり、住んでいる市区町村の障害福祉窓口に相談する）

まとめ！

❶ 制度や行政・自治体のサービスは、自分から手続きしないともらえない給付金や知らないと活用できないサービスがある

第8章 障害者とその家族のために

> 障害者と親亡きあとの頼れる制度について
> 確認しましょう

障害者をサポートしている家族が亡くなったあと、誰にどんなサポートをお願いできるのでしょうか。また、障害者の生活や住まいのサポート、財産管理のサポートにはどのような制度があるのでしょうか。障害者とその家族が活用できる、頼れる各種制度を確認しましょう。

障害者が使える頼れる制度

✓	下記に該当する場合	頼れる制度	参照頁
✓	知的障害・精神障害・遷延性意識障害などがある	一般的に活用されている法定後見制度	264
✓	軽度の知的障害、軽度の精神障害などがある。 ※契約締結能力がある場合に限定	低額の費用負担で活用できる「日常生活自立支援事業」	273
✓	身体障害、軽度の知的障害、軽度の精神障害などがある。 ※契約締結能力がある場合に限定	将来の安心のための「任意後見制度」	269
✓	障害のある子のために財産を定期的に給付したい。親亡きあとでも安心できる財産管理	民事信託、特定贈与信託、生命保険信託	275・279
✓	親亡きあとの住まいが心配	共同生活援助、施設入所支援	284

[第8章] 障害者とその家族のために

01 親亡きあと、障害のある子が困らないようにサポート体制を確認・備えておく

Point
① 支援者が誰になるのか今のうちから確認しておく
② 親亡きあとの子どもの生活支援、財産管理の方法について確認しておく

親亡きあと、障害のある子をサポートするのは誰？

　障害のある子がいる親が、自分たちが亡くなったあとのことを考えたときに、真っ先に心配するのは障害のあるわが子を誰がどのようにサポートしてくれるのか、また今までと同じようなサポートを受け続けることができるのかということでしょう。サポートをお願いできる親族（障害のある子の兄弟姉妹や、甥姪などの近親者）がいるのか、いないのかによってサポート体制は変わってきます。

❶ サポートをお願いできる親族がいる

　サポートをお願いできる親族がいる場合は、今のうちから自分たちの亡きあとの障害のある子の住まい、日々の生活面や介護面の支援、もらっている障害年金や生活費といった金銭の管理、不動産をはじめとする財産の管理などについて、**何を誰に、どのような内容でお願いしたいのかを考えておきましょう。**
　またサポートをする親族にも、どの程度のサポートができるのか、あらかじめ考えておいてもらい、親とサポートしてくれる親族の両者の考えを共有するために、よく話しあっておく必要があります。

場合によっては、親族に障害のある子の**成年後見人** 263頁参照 になってもらうことや、**民事信託** 275頁参照 の契約をすることも考えられます。また**障害のある子自身が、日常生活自立支援事業** 273頁参照 **を利用する方法**もあります。

❷ サポートをお願いできる親族がいない

サポートをお願いできる親族がいない場合は、**専門職である弁護士や司法書士、社会福祉士などに成年後見人になってもらい、日々の生活費の支払いやもらっている障害年金や不動産をはじめとした財産管理、医療契約・福祉サービスなどの契約を代わりにやってもらう**といった、財産管理面と身上保護面 267頁参照 をサポートしてもらうように手続きをします。

成年後見制度のほかにも、財産管理のサポートとして、民事信託や生命保険信託 282頁参照 **などを活用する方法もあります。**

● 親亡きあと、障害のある子をサポートする方法

障害のある子に頼れる親族がいるか？

Yes

親族としてサポートを依頼
- 日々の生活の見守り
- 介護や生活の援助
- 公的機関やそのほか関係者との窓口となる

親族を後見人に選任

成年後見人としてのサポート
- 本人のために預貯金や不動産などの財産管理を行う
- 本人のために医療・福祉・介護サービスの契約を結ぶ
- 公的機関やそのほかの関係者との窓口となる

親族としてのサポート
- 日々の生活の見守り
- 介護や生活の援助
- 公的機関やそのほかの関係者との窓口となる

No

専門職を後見人に選任

財産管理
- 本人のために預貯金や不動産などの財産管理を行う

身上保護
- 定期的な面会をして本人の生活を見守る
- 本人のために医療・福祉・介護サービスの契約を結ぶ
- 公的機関やそのほかの関係者との窓口となる

サポートしてもらう内容

そのほかの制度を併用
- 日常生活自立支援事業
- 民事信託契約による財産管理
- 特定贈与信託、生命保険信託など

障害者、そして親亡きあとの頼れる制度を知っておこう

障害者や親亡きあとの障害のある子を、生活面＋財産管理面でサポートする方法は複数あります。

どの制度が使えそうか、今から検討してみましょう。各制度の詳細については 264頁以降 を参照してください。

また親亡きあとのことが心配な場合、**親が元気なうちから、行政の福祉サービスの担当者や地域の社会福祉協議会などとつながりを持ち、いざというときに困らないように相談しておく**ことも大切です。

● 障害者や親亡きあとの障害のある子が頼れる制度

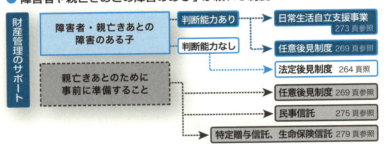

まとめ！

① 親亡きあと、障害のある子を親族がサポートしてくれる場合は、サポート内容についてよく話しあっておく
② 親族以外の人にお願いする場合は、成年後見制度の利用を検討する
③ 障害者と親亡きあとの安心のために使えるさまざまな制度があるので、どの制度が使えそうか確認しておく

[第8章] 障害者とその家族のために

02 障害者の頼れる味方、「成年後見制度」を知ろう

Point
1. 成年後見制度には法定後見と任意後見の２つの制度がある
2. 法定後見は３つの類型によりサポート内容が異なる
3. 身体のみの障害者は成年後見制度の利用対象外

成年後見制度は障害者や認知症の人をサポートするしくみ

障害者が自分で、もらっている障害年金などの財産を管理できなかったり、福祉サービスや介護サービスの申し込みができないような場合に頼れる制度が成年後見制度です。

成年後見制度とは、知的障害や精神障害、遷延性意識障害、認知症などで判断能力が不十分な人が、財産侵害を受けたり、不適切な契約を結んで被害にあったり、人間としての尊厳が損なわれたりすることのないように、代わりに財産管理をしたり、これまでと同じような生活を維持できるようにサポートするしくみです。

本人（判断能力が不十分な人のことをここでは「本人」といいます）の一定の法律行為、たとえば銀行との取引や福祉サービスの契約をすることなどを制限する代わりに、本人に代わって法律行為を代理する成年後見人が、金銭や不動産といった財産の管理や医療サービス・福祉サービスなどの契約をすることで、本人の財産や権利を保護し、生活面をサポートします。

せっかく障害年金をもらえても、本人のために適切に活用できなければ意味がありません。障害などを理由に判断能力が低下している場合は、成年後見制度を利用して障害年金を適切に活用できるようにしましょう。

● 成年後見制度の基本理念

成年後見制度には、「自己決定の尊重」「ノーマライゼーション」「身上配慮義務」という3つの基本理念があり、この基本理念に基づいて本人をサポートします。

> **自己決定の尊重** 障害者や高齢者であっても、本人の意思決定を尊重し、本人の能力を活用しようという考え方。つまり成年後見人は、本人だけでは不十分な事柄について支えるということ
>
> **ノーマライゼーション** 障害者や高齢者でも特別視するのではなく、可能なかぎり地域社会の一員として生活をしてもらえるよう環境を整えるという考え方
>
> **身上配慮義務** 本人の状況を把握し、配慮する義務

成年後見制度には「法定後見」と「任意後見」の2つの制度がある

成年後見制度には、**すでに判断能力が不十分な場合に、サポートする人を家庭裁判所が選任する「法定後見」と、今後に備えて判断能力のあるうちにサポートする人およびサポート内容を契約しておく「任意後見」**の2種類の制度があります 下図参照 。

さらに「法定後見」は、本人の判断能力の程度に応じて3つの類型、「後見」「保佐」「補助」に分かれます。

● 成年後見制度

身体障害者は成年後見制度の利用対象外

　成年後見制度は、「判断能力が不十分な人」をサポートする制度なので、身体上の障害だけがある人は成年後見制度利用の対象にはなりません。この点について意外と知らない人も多いので注意が必要です。

　障害が身体上の障害だけであって、判断能力に問題がない場合は成年後見制度を利用することができません。身体上の障害があるため、自身で銀行に行って預貯金の引き出しをしたり、日々の生活費や医療費の支払いをすることなどが難しい場合や日常の財産管理などに不安がある場合は、住んでいる地域の社会福祉協議会が行っている日常生活自立支援事業 273頁参照 の利用や、信頼できる人と財産管理の委任契約を結ぶことで、サポートを受けるようにします。

成年後見制度の利用を途中でやめられる？

　成年後見制度は、判断能力が不十分な人の財産や権利を守る制度なので、1度家庭裁判所の審判が確定して後見がスタートすると、本人の判断能力が回復した場合など正当な理由があると家庭裁判所が認めた場合を除き、途中で成年後見制度の利用をやめることはできません。原則として本人が亡くなるまでずっと成年後見制度の利用が続きます。

後見の開始の申立てをする際は、制度についてよく理解してから進めましょう。

[第8章] 障害者とその家族のために

03 法定後見制度とは？

Point
1. すでに判断能力が低下している場合、**法定後見制度**の利用を検討
2. **成年後見人**は**家庭裁判所**が選任する
3. **費用面が心配な人**は、まず社会福祉協議会や市区町村役場の障害福祉の担当窓口か専門家に相談する

法定後見制度ってどんな制度？

一般的に、成年後見制度というと**法定後見制度**のことを指します。まずは、法定後見制度について確認しておきましょう。

後見人はどうやって決まる？

法定後見制度を利用する場合、親族などの申し立て権限を持つ人が家庭裁判所に「**後見（保佐・補助）開始の申立**」をし、**家庭裁判所が成年後見人など（成年後見人・保佐人・補助人）を選任します。**

> **法定後見の申立をできる人**　本人、配偶者、4親等以内の親族、市区町村長、検察官など、法律で定められた人にかぎられる

❶ 頼れる親族がいて、その人に成年後見人になってもらいたい場合

申立をする際に、申立書に成年後見人の候補者としてお願いしたい親族の氏名を記入します。

❷ 親族以外の人が成年後見人に選任されるケースが８割強

家庭裁判所は、申立の際に提出された書類の審査や候補者となる人との面談を経て、その人が成年後見人としてふさわしいか判断します。

したがって、**成年後見人の候補者として申立書に記載した人が、必ずしも選任されるというわけではありません**。場合によっては専門職を成年後見人に選任したほうがふさわしいと判断されるケースもあります。実際、親族以外の人が成年後見人に選任されるケースが約83％を占めています（ 参考 最高裁判所事務総局家庭局「成年後見関係事件の概況」令和６年１月～令和６年12月）。

また、成年後見人に親族を選任した場合でも、「後見監督人」という成年後見人を監督する役割に専門職を選任するケースもあります。

後見制度の３つの類型が判断されて成年後見人らが選任される

成年後見人が本人をサポートする内容は法律で定められており、**判断能力の程度に応じて「後見」「保佐」「補助」の３類型**があり、類型によりサポートできる内容が異なります。

● 法定後見の３つの類型の目安

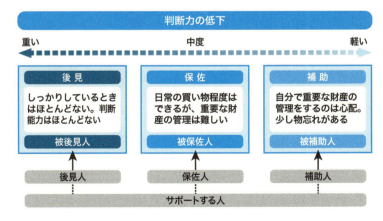

「後見」「保佐」「補助」の類型は、後見の開始の申立をする際に、家庭裁判所に提出する医師の診断書（成年後見制度用）（本人のことを普段診察しているかかりつけの医師に書いてもらう）や、ケアマネージャーなどの介護支援者が作成した本人確認シート（医師に診断書を書いてもらう参考書類にもなるので、本人のことをよく知っている支援者に書いてもらうといい）をもとに総合的に検討し、家庭裁判所が判断します。**家庭裁判所の判断のもと類型が決まり、本人をサポートする成年後見人ら（成年後見人、保佐人、補助人）が選任されます。**

> **診断書や本人確認シートはどこで入手する？**　成年後見制度用の診断書や本人確認シートは、家庭裁判所のホームページから雛形をダウンロードしてプリントアウトする。また、家庭裁判所に郵送請求したり、住んでいる地域の社会福祉協議会でもらうこともできる

● 3つの類型の違い

　法定後見では、「後見」「保佐」「補助」の３つの類型に応じて、成年後見人らが有する「代理権」「同意権」「取消権」といった権限の範囲や、本人が自分でできる行為が違ってきます。

代理権	後見類型
本人に代わって福祉サービスなどの契約や申請をしたり、そのために必要な財産を管理したりする	日常生活に関すること以外であれば、成年後見人が本人に代わって行うことができ、また本人がした契約などを取り消すことができる。もちろん障害年金についての申請も、成年後見人が本人に代わって行う

同意権　取消権	保佐類型　補助類型
本人にとって不利な契約には同意しないとか、すでに結んでしまった不利な契約を取り消したり、本人の財産や権利を守る	申立の際、本人が希望した事柄につき、代理権が認められる。同意権・取消権は財産に関する重要な行為のみ（補助は申立の際に本人が希望した事柄のみ）認められる

成年後見人には、特に広範囲にわたる代理権が認められているため、できれば本人のことをよく知っている人になってもらえると安心です。頼れる親族がいなくて、専門職に成年後見人をお願いする場合には、成年後見人と密に連携を取り、よりよいサポートを受けられるようにしましょう。

　なお、**本人をサポートする必要があれば、障害の程度が軽度であっても本人に成年後見制度の利用意思があり、医師の診断書（成年後見制度用）があれば、成年後見制度を利用できる可能性があります。**

　成年後見制度は、重度の障害の人だけが対象という制度ではありません。利用対象になるのかどうかがわからない場合は、住んでいる地域の社会福祉協議会や社会福祉士、弁護士、司法書士などの専門家に相談してみましょう。

成年後見人の役割とは？ お願いできることとできないこと

　成年後見人は、前述した3つの理念に基づき、本人の意思を尊重し、心身の状態や生活状況に配慮しながら、「代理権」「同意権」「取消権」に基づき、本人の財産管理と身上保護をサポートします。

> **財産管理** 具体的には預貯金通帳や印鑑の保管・管理、障害年金や保険金などの受領、生活費の支払い、税務申告などを、本人の代わりにする
> **身上保護** 本人が安心して生活が送れるように、福祉サービスの契約や病院の手続きをするといった生活環境を整える

　ただし、成年後見人に直接本人の食事や着替えのサポートをしてもらったり、看病をしてもらったりということをお願いすることはできません。あくまでも**成年後見人が行うのは、本人の食事や着替えのサポートをする人を探して契約すること、また本人に代わり病院の入院契約をすること、そして適切なサービスや医療を受けられているかチェックするといったこと**になります。

法定後見制度はお金がかかる？

法定後見制度を利用する場合、専門職が後見人に就任すると報酬が発生します。親族が後見人になった場合も、後見監督人に専門職が就任して報酬が発生するケースがあります。**本人が亡くなるまで、本人の障害年金などの収入から後見人報酬または後見監督人報酬を支払うことになるので、それなりの負担がかかります。**

そのため、特に親亡きあとが心配なケースだと、親がしっかりしているうちは成年後見制度を利用せず、親が本人の代わりに財産管理や福祉サービスの契約を結ぶというのが現実的になります。その場合、親の判断能力が低下したり、親亡きあとに、速やかに後見開始の申立をしてもらえるよう、親族や行政の福祉サービス担当者らと、日ごろから連携をとっておきましょう。

● 成年後見人らへの報酬を支払えるだけの資力がない場合

成年後見人らへの報酬を支払えない場合や生活保護を受けている場合、報酬助成制度を備えている自治体も増えています。資力がないからという理由だけで成年後見制度の利用をあきらめず、まずは住んでいる地域の社会福祉協議会や市区町村役場の障害福祉の担当窓口、社会福祉士、弁護士、司法書士などの専門家に相談してみましょう。

● 成年後見人、監督人の報酬額の目安

成年後見人など	基本報酬として月額2万円。 管理財産が1,000万円を超え5,000万円以下の場合は基本報酬として月額3万〜4万円。 管理財産が5,000万円を超える場合は基本報酬として月額5万〜6万円
後見監督人 (任意後見監督人を含む)	基本報酬として月額1万〜2万円。 管理財産が5,000万円を超える場合は基本報酬として月額2万5,000円〜3万円

※ 上記基本報酬のほか、特別な行為（例：本人の不動産売却、遺産分割、訴訟など）をした場合は、付加報酬が加算されることがある。
参考　東京家庭裁判所「成年後見人等の報酬額のめやす」

[第8章] 障害者とその家族のために

04 任意後見制度とは？

Point
① 自分が信頼できる人に財産管理や生活のサポートをお願いできる
② 親が任意後見制度を活用する

任意後見制度ってどんな制度？

任意後見制度は、将来判断能力が低下したときに、信頼できる特定の人にサポートしてもらう制度です。

任意後見制度を利用するためには、将来サポートをお願いしたい人（任意後見受任者）との間で任意後見契約を結びます。生活面や財産の管理、病院や施設の利用など、**将来自分の判断能力が低下したあとにどのようなサポートをしてもらうか、またその報酬をいくらにするかなどを決め、公証役場で任意後見契約書を公正証書で作成**します。

● 任意後見制度のしくみ

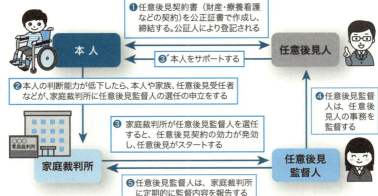

269

任意後見契約は将来の安心のために結んでおくもの

　任意後見は、将来判断能力が低下した場合に備えておく制度なので、しっかりしているうちは、契約は発効しません。もちろん**判断能力が低下しないまま一生をすごす人もいる**ので、その場合は任意後見契約は必要なかったことになりますが、任意後見契約を結んでおくことで、いざというときに信頼できる人にお願いしてあるから大丈夫という、大きな安心感が得られます。

任意後見人にお願いできること

　任意後見人にお願いできることは、大きく分けて「財産管理」と「身上保護」の2つになります。具体的には次のような事項のうち、サポートをお願いしたい事項を、任意後見契約時に代理権目録に記載しておきます。

財産管理
1. 預貯金の引出、振込
2. 障害年金、老齢年金や障害手当金などの受領
3. 不動産の管理、賃貸、処分
4. 預金通帳、印鑑、不動産の権利証などの保管
5. 家賃や税金、公共料金などの支払い
6. 遺産相続の協議や手続き　　　　　　　　　　　　　など

身上保護
1. 福祉サービス、介護サービスなどの契約
2. 障害年金の受給請求手続き
3. 病気の際の医療契約
4. グループホームなどの施設の入所契約
5. 要介護認定の申請や認定に関する異議申立　　　　　など

任意後見人の報酬はいくらぐらい？

　任意後見人の報酬は、家庭裁判所が報酬を決定する法定後見とは異なり、**契約をする際に自由に決めることができます。**

　任意後見人にサポートをお願いする内容、管理する財産の内容などを考慮して決めますが、**専門職にお願いする場合は、月額2万〜5万円程度が目安となる**でしょう。親族にお願いする場合は無報酬とするケースも多々ありますが、**任意後見人には責任と負担がかかるので、責任をもってサポートをしてもらう対価という意味で、報酬を決めておく**ことをお勧めします。

　また、**任意後見監督人の報酬は家庭裁判所が決定**します。本人の財産の額や監督事務の内容、諸事情を総合して判断し、無理のない額が決定されます。東京家庭裁判所のホームページに掲載されている「**成年後見人等の報酬額のめやす**」によると、任意後見監督人の報酬の目安は、管理財産額が5,000万円以下なら月額1万〜2万円、5,000万円を超えると月額2万5,000〜3万円となっています。

> 家庭裁判所「成年後見人等の報酬額のめやす」
> (https://www.courts.go.jp/tokyo-f/vc-files/tokyo-f/kouken/0102R0704.pdf)

任意後見制度のメリットとデメリット

　法定後見制度とは異なり、自分が選んだ人にサポートしてもらえること、またお願いしたいことをあらかじめ決めておくので、自分の希望をきめ細かく反映できること、そして将来の不安が軽くなるという点が大きなメリットでしょう。

　一方、法定後見人とは異なり、**任意後見人の権限は任意後見契約締結時に定めた代理権の範囲にかぎられています。**また**本人の自己決定**

権を尊重するという観点から、任意後見人には同意権・取消権がありません。万一、**本人が不利益となる契約をしてしまった場合でも、任意後見人はその契約を取り消すことができないといったデメリットが発生**します。

親が自身で任意後見制度を利用し、障害のある子を守る

自分が生きている間は、障害のある子の面倒はすべて自分たちでみるつもりでいても、自身が病気になったり、認知症になって判断能力が衰えたりする可能性もあります。**自分が元気なうちに、障害のある子の面倒をみられなくなったときに備えて、障害のある子が支援してらえるように今から考えておきましょう。**

ほかに子どもがいれば、障害のある子の面倒をみられなくなったあとのことをお願いしておくこともできますが、障害のあるお子さんひとりの場合は、親の体調の変化や判断能力の低下に備えておくことは特に大事な問題です。

誰か信頼できる人がいれば、**親が任意後見契約を結ぶこともひとつの方法**です。任意後見契約の中で、親自身の判断能力が低下して任意後見契約が発効した場合に、自身の財産管理や生活のサポートに加えて、障害のある子の生活費を自分の財産から支払ってくれるように委任しておいたり、親族や市区町村の社会福祉協議会などに働きかけてもらい、障害のある子について後見申立をお願いしておくこともできます。

まとめ！
❶ 任意後見の契約をしておくことで、信頼できる人に判断能力が低下したあとのサポートをしてもらうことができるので安心
❷ 親が任意後見契約を結んでおくことで、障害のある子のサポートにもつながる

[第8章] 障害者とその家族のために

05 日常生活自立支援事業とは？

Point
① 本人に契約能力があれば利用できる
② 比較的低額でサポートを受けることができる

日常生活自立支援事業ってどんな制度？

障害者で財産管理を自分でするのが大変という場合や、親亡きあと障害のある子がひとりで生活していくのにお金の管理が心配といった場合に、**障害者自身に契約能力があれば「日常生活自立支援事業」を利用することができます。**

日常生活自立支援事業は、高齢や障害といった理由で、ひとりでは日常の生活に不安のある人が、地域で安心して生活が送れるように、**社会福祉協議会が本人との契約に基づき、福祉サービスの利用援助を中心に、日常的な金銭管理や重要書類などの預かり・保管といった支援をすることで、権利擁護を図りながらサポート**してくれます。

身体障害や軽度の精神障害・知的障害であれば利用可能性が高い

対象となるのは次の人です。また法定後見制度とは異なり、**契約能力があること**と**制度を利用する意思がある**ことが必要です。

① 軽度の認知症や知的障害、精神障害などで判断能力が十分ではない（認知症ではない人や障害者手帳を取得していない人も含む）
② 自分ひとりで福祉サービスの利用手続きをすることに不安がある
③ 預金の出入れや公共料金の支払い、重要書類の保管に不安がある

273

日常生活自立支援事業の利用方法とサービス内容

　障害のある子が住んでいる市区町村の社会福祉協議会に相談して申し込みをします。日常の金銭管理、重要書類の預かりなど、必要な援助の利用契約を結びます。サービス内容は次のようになります。

❶ 福祉サービスを安心して利用するための支援
- 福祉サービスの利用に関する情報の提供・相談
- 福祉サービスの利用における申し込み・契約のお手伝い
- 福祉サービスについての苦情解決制度を利用する手続きの援助

❷ 毎日の生活に欠かせないお金の出し入れに関する支援
- 福祉サービスや医療費、税金、社会保険料、公共料金、家賃などの支払い手続き
- 年金や福祉手当などの受領に必要な手続き

❸ 大切な通帳や証書などを安全な場所で預かる支援
- 年金証書、預貯金通帳、権利証、契約書類、実印などの預かり
　※宝石や骨董品、現金といったそのもの自体に価値があるものは預からない

　契約締結後、**生活支援員が支援計画に基づき、定期的に訪問をして本人をサポート**します。

利用料金はどれぐらいかかる？

　住んでいる地域や本人の収入の状況によって、各市区町村の社会福祉協議会が定める基準によって決まります。サービスの利用頻度にもよりますが、**おおむね月額数千円程度**と比較的低額です。
　利用を希望する場合は、住んでいる市区町村の社会福祉協議会に相談してみましょう。

[第 8 章] 障害者とその家族のために

06 民事信託制度とは？

> **Point**
> ❶ 信頼できる親族がいるなら民事信託で財産管理をお願いする
> ❷ 民事信託と成年後見制度の双方を上手に活用する

民事信託ってどんな制度？

障害者が多額の資産を保有していたり、障害のある子が親亡きあとの生活に困らないようにと親が多額の資産を残したとしても、障害者本人にとって有効に利用されなければ意味がありません。

多額の資産があることにつけ込まれ、悪意のある人にだまされて搾取されたり、普段あまりおつきあいのない親族がやってきて勝手に本人の財産を使ってしまったりといったリスクもあります。このようなリスクを未然に回避するために有効なのが、民事信託という制度です。

2007年に改正信託法が施行され、一般の人も信託を利用しやすくなりました。民事信託の利用は年々増えています。

❶ 民事信託の基本的なしくみ

民事信託は、信託銀行などの商事会社ではなく、親族など信頼できる人に資産の管理や処分を任せる財産管理のしくみです。民事信託の当事者となるのは、**委託者**、**受託者**、**受益者**の3者になります。

委託者	財産を持っていて、その財産の管理・処分を託す人
受託者	委託者から財産の管理や処分について託された人
受益者	信託によって利益を受ける人

❷ 障害のあるお子さんのための民事信託の活用方法

民事信託の活用について、ここでは事例を通して考えてみましょう。

仮に母親と障害のある子の2人家族で、母親が預金2,000万円と自宅不動産を保有していたとします。母親が亡くなったあとの相続人は障害のある子だけとなります。障害のある子が2,000万円の預金と自宅不動産を相続した場合、その子が適切に預金の管理をすることができるかどうか、また不動産の管理や場合によっては修繕や売却をすることができるかどうかが心配です。もし、親族に信頼できる人、たとえば信頼できる姪っ子がいれば、次のような民事信託をして、障害のある子を守ることができます。

---

❶ 姪っ子と母親が民事信託契約を結ぶ

民事信託契約を結ぶことで、預金や自宅不動産などの財産の管理権限は姪っ子に移ります。母親の財産すべてについて信託契約を結ぶ必要はなく、母親の当面の生活費は母親の手元に置いておき、姪っ子に管理をお願いしたい財産のみを信託することができます

❷ 姪っ子は、母親の生存中は母親のために信託された財産の管理をする

❸ 母親が亡くなったあとは、障害のある子のために財産の管理をする

障害年金だけでは生活費や療養費などが不足するなら、不足分を毎月信託された財産から定期的に渡すなど、民事信託契約で財産の使い方について定めておくことができます

母親亡きあと、障害のある子がグループホームなどに入所して自宅不動産が空き家となった場合に、自宅不動産を賃貸する権限や、場合によっては売却する権限を民事信託契約の中で姪っ子に与えることも可能です

❹ 障害のある子が亡くなったら信託は終了

母親が指定した者（お世話になった人や施設）に、残った財産を承継させることもできます

このように民事信託は成年後見制度とは異なり、受託者となる人に柔軟な財産管理をお願いできる制度ですが、場合によっては母親の死後、受託者である姪っ子が暴走して勝手な財産管理・処分をしてしまう可能性もあります。

姪っ子が母親と民事信託契約で決めたとおりにきちんと財産を管理してくれるか心配な場合は、信託監督人を置くこともできます。信託監督人は受託者である姪っ子が受託者としての義務をきちんと果たしているか監督し、必要があれば助言します。

● 民事信託契約のしくみ

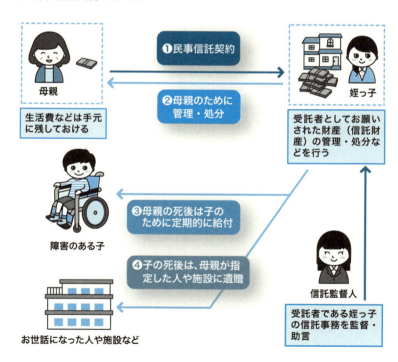

成年後見制度との違いを知り、双方の制度を上手に活用する

　成年後見制度は、家庭裁判所の監督のもと本人の資産を保護するという観点から財産管理をするため、保守的な財産管理となります。

　民事信託は、委託者の意思を尊重して、その想いを実現するために財産の管理、活用、処分、承継などをお願いすることができ、より柔軟な財産管理が可能です。

　ただし民事信託は、あくまでも財産の管理や活用についてお願いしておくものであり、受託者が障害のある子の普段の生活のサポートや福祉サービス、介護サービスの契約を代わりにすることはできません。その点、**成年後見制度は財産管理だけではなく、身上保護（福祉・介護・医療サービスの契約をすることや、生活の見守りなど）も後見人らの支援内容に含まれている**ので、後見人らが本人の代わりに福祉サービスや介護サービスの契約をすることができます。

> 民事信託　柔軟な財産管理
> 成年後見　保守的な財産管理＋身上保護

　親亡きあとの障害のある子を総合的にサポートするためには、不動産や多額の預貯金は民事信託で受託者に信託して、柔軟な財産管理ができるようにしておき、日々の生活費分の金銭は信託をせずに成年後見人らに管理してもらうなど、民事信託と成年後見制度の双方を上手に組みあわせて利用していきます。

まとめ！

1. 民事信託契約をしておくことで、委託者の生きている間だけではなく、死後においても柔軟な財産管理をお願いできる
2. 民事信託はあくまでも財産管理のひとつの方法。身上保護面はお願いできないので、成年後見制度と民事信託を上手に併用する

[第8章] 障害者とその家族のために

07 特定贈与信託、生命保険信託とは？

> **Point**
> ❶ 障害者に非課税で資産を残せる特定贈与信託
> ❷ 死亡保険金を定期的に本人のために給付できる生命保険信託

特定贈与信託ってどんな制度？

家族が受託者となる民事信託ではなく、商事信託のサービスのひとつに「特定贈与信託」があります。

特定贈与信託とは、障害者の生活の安定と療養の確保を図ることを目的とし、家族が金銭などの財産を信託銀行などに預け、信託銀行などがその財産を管理するものです。

受託者である信託銀行などは、障害のある子の生活費や医療費として定期的に金銭を支払い、万一金銭を預けた親が亡くなっても、引き続き財産を管理・運用し、受益者である障害のある子の生活費や医療費を定期的に交付することができます。

特定贈与信託を使える障害者は限定されている

特定贈与信託の受益者は、重度の心身障害者（特別障害者）、中軽度の知的障害者および障害等級2級または3級の精神障害者など（特別障害者以外の特定障害者）が対象となります。

● 特定贈与信託のしくみ

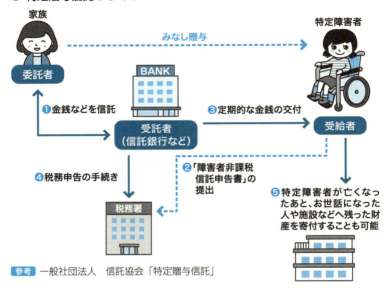

参考 一般社団法人　信託協会「特定贈与信託」

> 特別障害者
> ❶ 精神上の障害によって、物事のよしあしを区別することができなかったり、できても行動することができない状態の人
> ❷ 児童相談所、知的障害者更生相談所、精神保健福祉センターもしくは精神保健指定医の判定により重度の知的障害者とされた人
> ❸ 精神障害者保健福祉手帳に障害等級が1級と記載されている精神障害者
> ❹ 1級または2級の身体障害者手帳保有者
> ❺ 特別項症から第3項症までの戦傷病者手帳所有者
> ❻ 原子爆弾被爆者として厚生労働大臣の認定を受けている人
> ❼ 寝たきりで複雑な介護を必要とし、精神または身体の障害の程度が上記❶❷または❹に準ずるとして市区町村長などの認定を受けている人

❽ 精神または身体に障害のある65歳以上で、その障害の程度が、上記❶❷または❹に準ずるとして市区町村長などの認定を受けている人

特別障害者以外の特定障害者

❶ 児童相談所、知的障害者更正相談所、精神保健福祉センターまたは精神保健指定医の判定により中軽度の知的障害者とされた人
❷ 精神障害者保健福祉手帳に障害等級が2級または3級と記載されている精神障害者
❸ 精神または身体に障害のある65歳以上で、その障害の程度が上記❶に準ずるとして市区町村長などの認定を受けている人

特定贈与信託は税務上のメリットがある

1年間に110万円を超える贈与を受けると贈与税がかかりますが、**特定贈与信託を利用すると特別障害者（重度の心身障害者）は6,000万円、特別障害者以外の特定障害者（中軽度の知的障害者および障害等級2級または3級の精神障害者など）は3,000万円を限度として、贈与税が非課税となります。**

特定贈与信託を利用するうえでの注意点

障害のある子に財産を残す際に、財産を一括して渡すのではなく、信託銀行などが管理して、定期的に給付してくれるという安心感が得られることと、贈与税非課税の節税効果がある一石二鳥の制度として活用されていますが、**信託期間中の途中解約はできない**ので注意が必要です。

特定贈与信託は、贈与を受ける特定障害者が死亡した日に終了することとされていて、任意の期間を定めることはできません。

また契約締結にあたり、受益者となる障害者に、成年後見人らの代理人を立てる必要がある場合もあります。

生命保険信託ってどんな制度？

生命保険の死亡保険金の受取人は、通常、家族など身内の人になりますが、**信託銀行などが生命保険の保険金受取人となるしくみ**があります。

生命保険信託とは、万一のときには、信託銀行などが死亡保険金を受け取り、保険契約者が生前に定めた人、たとえば障害のある子のために、あらかじめ決められた方法で生活費や医療費、学費として支払う方法です。

たとえば母親が生命保険に加入し、自分が亡くなったときに死亡保険金として500万円が支払われるとします。死亡保険金の500万円は、母親が亡くなると通常は受取人として指定された人に全額が1度に給付されますが、生命保険信託の申し込みをしておくと、あらかじめ「毎月、生活費として10万円を子どもの世話をしてくれる人の口座に振り込む」などと決めておくことができ、信託銀行などがそのとおりに支払いをしてくれます。

また受取人である障害のある子が亡くなったときに、まだ保険金が残っていれば、その保険金はお世話になった人や施設などに渡すというようなことを決めておくこともできます。

このように**生命保険信託は、保険契約者が亡くなったあと、残された障害のある子が自身で財産の管理が難しい場合であっても、信託銀行などが死亡保険金の受け取りや管理、障害のある子をサポートしてくれる人への定期的な金銭の交付をしてくれる**ので、残した保険金を一気に使ってしまったり、悪意のある人に勝手に使われたりという心配がありません。

親亡きあとの子どもの財産管理が心配な親にとっては、大変有効なしくみとなっています。

● 生命保険信託のしくみ

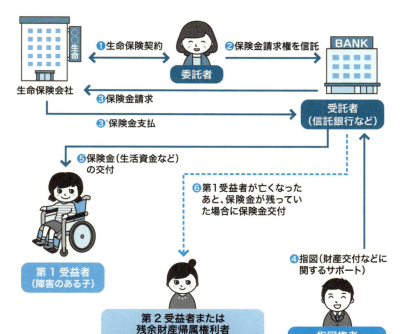

参考 一般社団法人　信託協会「生命保険信託」

まとめ！

1. 特定贈与信託を利用できる障害者は限定されるが、利用できる場合は税務上のメリットがある
2. 特定贈与信託も生命保険信託も、信託銀行などが財産を管理し定期的に交付してくれるため、1度に多額のお金を使われてしまう心配がなく、障害者の生活資金を長期にわたって安心して残すことができる

[第8章] 障害者とその家族のために

08 親亡きあとの生活と住まいについて考えよう

Point
① 親亡きあとの生活および住まいについて、自宅か施設か障害のある子にあった方法を選択する
② 居住支援サービスとして共同生活援助と施設入所支援の2つの制度がある

親亡きあとの生活と住まいはどうすればいい？

　まず親亡きあとも、そのまま自宅で兄弟や近親者などサポートしてくれる親族と生活するという選択肢があります。また、居宅介護サービスや、自立生活援助サービス、日常生活自立支援事業 273頁参照 などを利用することで一人暮らしをするという選択肢もあります。

　居宅介護サービスを利用すると、住まいでの入浴、排せつ、食事の介護、調理、洗濯および掃除といった家事ならびに生活などに関する相談や助言、生活全般に関する援助を受けることができます。

　自立生活援助サービスは、主に共同生活援助（グループホーム）などの施設を利用していた障害者が、一人暮らしを希望する場合などに支援を受けることができるサービスです。定期的な巡回訪問や相談対応をしてもらい、自宅における自立した日常生活を営むために必要な援助を受けることができます。

　居宅介護サービスおよび自立生活援助サービスは障害者総合支援法による障害福祉サービスの一部です。障害者総合支援法による福祉サービスは、ほかにも生活介護や就労継続支援、自立訓練など、さまざまなサービスがあります。各種障害福祉サービスの利用には、それぞれ障害支援区分の条件があるので、利用を検討する場合は、住んでい

る地域の市区町村役場の障害福祉の担当窓口へ相談してください。

　また、持家ではなく賃貸住宅に住む場合、公営住宅における優先入居制度もあるので、住んでいる自治体の市区町村役場や住宅供給公社などに確認してみましょう。

　自宅での生活が難しい場合は、施設で生活をするという選択肢もあります。障害者の夜間の居住をサポートするサービスとして「❶共同生活援助（グループホーム）」と「❷施設入所支援」の２つのサービスがあります。

共同生活援助（グループホーム）と施設入所支援とは？

　共同生活援助（グループホーム）も施設入所支援も、障害者総合支援法による自立支援給付というサービスのひとつで、**どちらも夜間における日常生活の生活支援（入浴、排せつ、食事の介護、生活に関する相談・助言など）が主なサービス内容**となりますが、次のとおり、利用条件などに違いがあります。

❶ 共同生活援助（グループホーム）での生活

　共同生活援助（グループホーム）は、社会福祉法人、NPO法人、株式会社などが運営する共同生活を行う住居です。利用できる対象者に、障害支援区分の条件はありませんが、身体障害者の場合、65歳未満の者または65歳に達する日の前日までに障害福祉サービスもしくはこれに準ずるものを利用したことがある人にかぎります。

　日中は就労支援や生活介護、自立訓練などを受けるために、別の事業所に出かけてグループホーム外で活動することになります。日中は一般企業で働いている人もいます。

　なお2018年度の報酬改定により、重度障害者への支援として「日中サービス支援型共同生活援助」が創設されました。障害が重度であったり高齢のため、日中活動サービスなどを利用することができない障害者が利用対象となりますが、共同生活援助の一類型であるため、

障害支援区分による制限は設けられていません。

❷ 施設入所支援を利用した施設での生活

施設入所支援を利用した施設での生活障害者支援施設は、国や地方公共団体または社会福祉法人が運営する施設入所支援というサービスを提供する入所型施設です。対象者は、障害支援区分４以上の人（50歳以上の場合は３以上）に限定されています。日中活動の場である生活介護施設が併設されていることが多く、日中の生活介護事業も一体的に行っているため、外出することなく施設内で生活できる場合が多いですが、外部の通所施設を利用することもあります。

親亡きあとの生活について親御さんが元気なうちから考え、いざというときにお子さんが困らないように備えておきましょう！

まとめ！
❶ 自宅での生活を希望する場合は、障害福祉サービスを利用する
❷ 自宅での生活が難しい障害者の居住支援サービスとして共同生活援助（グループホーム）と施設入所支援の２つのサービスがある
❸ 施設入所支援では障害支援区分による制限があるが、共同生活援助（グループホーム）には障害支援区分の条件はない
❹ 日中のサービスと夜間のサービスを組みあわせることで、障害者の生活をサポートしている

● あとがき

　障害年金は公的年金であるにもかかわらず、まだまだ知られていません。知っていても大変な障害を持っている人の年金で、自分には無関係と思い込んでいる人が多いように感じます。しかし、実は身近なさまざまな病気やケガでも、誰しもが障害年金の要件を満たす対象者となる可能性があるのです。

　公的年金は障害年金を含めて保険としての機能を持ちます。病気やケガをしてしまったいざというときに活用しましょう。

　また障害年金の相談の場でも、仕事のこと、家族のこと、将来のことなど、多くの不安の声を聞きます。とりわけわが子が障害を持っていると、自分が亡くなったあとの生活について漠然とした不安を抱えています。その不安を少しでも取り除けるように、まずは不安の原因を整理して、自分たちが使える公的制度や福祉サービスなどを知ってください。将来の選択肢について考えて、利用方法・相談窓口を確認しておくことで、漠然とした不安が軽減されます。必要なタイミングで必要な支援が受けられるようにしておきましょう。

　本書を手に取り、自身で、または家族が、それが難しい場合には社会保険労務士などの専門家を活用して、実際に障害年金の請求手続きを進められるきっかけとなり、受給に繋がる過程で少しでも役立ててもらえれば、このうえない喜びです。そして少しでも不安が軽減されると幸いです。

　最後に、本書の担当編集である福田清峰さんには、編集、校正にあたり大変お世話になりました。厚く御礼を申し上げます。

漆原香奈恵

山岸玲子

村山由希子

知りたいことが全部わかる！　障害年金の教科書

2019年12月31日　初版第1刷発行
2025年　7月20日　初版第4刷発行

著　者　　漆原香奈恵　　山岸玲子　　村山由希子
発行人　　柳澤淳一
編集人　　久保田賢二
発行所　　株式会社　ソーテック社
　　　　　〒102-0072 東京都千代田区飯田橋4-9-5　スギタビル4F
　　　　　電話：注文専用　03-3262-5320
　　　　　FAX：　　　　　03-3262-5326
印刷所　　TOPPANクロレ株式会社

本書の全部または一部を、株式会社ソーテック社および著者の承諾を得ずに無断で複写（コピー）することは、著作権法上での例外を除き禁じられています。
製本には十分注意をしておりますが、万一、乱丁・落丁などの不良品がございましたら「販売部」宛にお送りください。送料は小社負担にてお取り替えいたします。

©KANAE URUSHIBARA & REIKO YAMAGISHI & YUKIKO MURAYAMA 2019,
Printed in Japan
ISBN978-4-8007-2075-7